Espressioni di italiano colloquiale

CDブック 気持ちが伝わる!

イタリア語
リアルフレーズ
BOOK

花本知子[著]

研究社

はじめに

　イタリア語の文法はひととおり学び、基本的な会話は教科書で身につけ、辞書を引きながら講読する訓練もある程度積んだ。なのに、いざ実際に会話をすると、ちょっとした言い回しのニュアンスが捉えきれない。今耳にした"Dai!"って、どういう意味なの？ "Magari!"って、いったいいくつ意味があるの？! 今"Però!"って言われたけど、もしかしてほめられているの？ どうして"Ci mancherebbe!"や"Figurati!"がお礼への返答になるの？──そんな「口語表現の壁」を乗り越えるためにぜひご活用いただきたいのが、この『イタリア語リアルフレーズ BOOK』です。

　映画に出てくるセリフが、直訳してもいまいち意味不明に留まるのであれば、教科書では習っていない接続詞の意味が潜んでいるのかもしれませんし、慣習的に省略される部分を自力でキャッチしなければならないのかもしれません。また、簡単そうに見える短いひとことが、思わぬニュアンスをこめて使われている可能性もあります。

　本書では、実際にイタリア語で生活してみたり、映画を見たりしているとよく出くわす口語的な表現を、426 集めました。どういう状況で、どんな気持ちで使われるのかを会話の中で確認すると、各フレーズのエッセンスがどんどん身についていくはずです。1 章から順に読み進めるのもよし、気になる章や重点的に身につけたいテーマの章から攻略するのもよし。また、巻末の索引を利用して、日本語からイタリア語の表現を探す、という使い方も便利です。ぜひいろいろな角度からご活用ください。

　イタリア語のチェックでは Simone Piredda さん、全体の校正では石田聖子さん、CD 収録では Andrea Fioretti さんと Anna Maria Mazzone さんにお世話になりました。そして、見出し語の提案や注の整理といったサポートを辛抱強くしてくださったのが研究社編集部の鎌倉彩さんと千葉由美さんです。

　いろいろな方々の協力を得て誕生した本書の、イタリア語リアルフレーズの世界を、どうぞみなさまにお楽しみいただけますように！

花本知子

この本の使い方 ～より効果的な学習方法～

　この本は 9 つの章に分けて、実際の会話でよく使われるフレーズを、語数の少ない順に配列しています。それぞれの項目は、次のような構成となっています。

　1. 見出しフレーズ（イタリア語、ルビ、日本語訳）
　2. ダイアログ（イタリア語、日本語訳）
　3. 注釈

どうやって勉強しようか？ という方のために、以下の勉強法をご提案します。

Step 1: まずは見出しフレーズから
見出しフレーズは、通常のテキストではなかなか見られない、しかし会話でよく耳にする表現を厳選しました。まずはひたすら見出しフレーズだけを見ていきましょう。短いフレーズをどんどん声に出して、覚えましょう。

Step 2: ダイアログ全体をチェック！
対話例は、見出しフレーズを生かしたリアルなやりとりになっています。見出しの表現以外にも「これ、使える！」と思わせる便利な言い回しがたくさん隠れているので、あわせてチェック！

Step 3: 注釈をチェック！
イタリア語ならではの表現や、初めての単語に出会ったら、注釈を見たり、辞書を引いたりして確認してください。語句の意味や使い方、文のしくみを理解して、応用力を付けましょう。

Step 4: 索引で再確認
巻末には、イタリア語と日本語の見出しフレーズ一覧を載せた索引が付いています。それぞれ眺めながら、このフレーズはどう使うんだっけ？ 日本語訳は何だろう？ この日本語はイタリア語でどう言うんだっけ？ と思い返してみてください。

Step 5: 置き換えできる余裕を
見出しフレーズは、全体で固定表現として使うものもありますが、部分的にほかの語句と置き換えることができる場合もあります。とりあえずは「まる覚え」でもかまいませんが、余裕が出てきたら、主語を tu（きみ）から lei（あ

なた）にすると？ 主語が男性でなく女性なら？ 動詞の時制を変えると？ などと考えることも大切です。イメージをふくらませ、幅広い表現ができるようにしましょう。

本書で使われている記号

* ＊ ダイアログ日本語訳の *A：もしくは *B：の左側に付いている＊は、それが女性のセリフであることを示しています。何も付いていない場合は男性のセリフです。

* ⇒ 参照先の項目番号を示しています。例えば「⇒ 15 」となっている場合、見出しフレーズの 15 (p. 8 の Figurati.；そんなことないよ) を参照、という意味です。

発音と表記について

・見出しフレーズには、発音の目安としてカタカナルビを併記しています。ただし、カタカナではうまく表せないイタリア語の発音もありますので、実際の発音は CD でご確認ください。

・本書のカタカナルビでは、母音に挟まれた s を、北イタリア式に濁音で表記しています (例: esatto [エザット])。南イタリア式発音では、清音で [エサット] と読まれます。北イタリアの人が、南イタリア式清音を聞いて「間違った発音だ」と指摘することもありますが、実際は清／濁どちらでもかまいません。

・「子音終わりの単語」と「母音始まりの単語」が並んだ際、音がつながることに注意してください (例: non è [ノネ])。

CD について

付属 CD には、Capitolo 1 から Capitolo 8 までの

    1. 見出しフレーズの日本語訳
    2. イタリア語の対話例

が入っています。Capitolo 9 の音声データ (MP3) は、研究社 HP より、無料でダウンロードできます (http://www.kenkyusha.co.jp/)。

  CD のトラック番号（および MP3 データのファイル番号）は、見開き 2 ページごとに偶数ページの左端に表示していますので、ご参照ください。

  収録されている音声は、ナチュラルスピードの標準的なイタリア語です。繰り返し聞いて、リスニング能力を鍛えましょう。

  実際に声に出して発音練習することも非常に大切です。テキストを見ながら CD 音声とほぼ同時に声に出して読んだり、シャドーイングをしたりなど、CD のまねをしながら練習してみましょう。速くてついていけない場合は、適宜 CD を一時停止してもかまいません。自分のペースで音読してください。より正しい発音でのトレーニングは、リスニング能力向上にもつながります。

  ほかにも、口述筆記の練習をしたり（ディクテーション）、様々な方法で活用してみましょう。そして、実際の会話の場面でスムーズに口をついて出れば、そのフレーズが自分のものとなったと言えるでしょう。

[CD ナレーション]
Andrea Fioretti（日伊協会イタリア語講師。マルケ州アンコーナ出身。ローマ・ラ・サピエンツァ大学東洋学部卒。現在、東京外国語大学大学院博士課程に在籍し、比較文学を専攻。NHK「まいにちイタリア語」「テレビでイタリア語」に出演）
Anna Maria Mazzone（シチリア州カタルーニャ出身。1993〜2007 年まで NHK 国際局のラジオ・ジャパンに翻訳者、アナウンサーとして勤務。現在はフリーランスの通訳・翻訳者、コーディネーター、ナレーターとして活動中。NHK「まいにちイタリア語」に出演）
鈴木加奈子（元静岡第一テレビアナウンサー。現在はナレーター・MC として活動するほか、大学で留学生の日本語指導にあたる）

[CD 収録時間]　74 分 42 秒

※なお、ご使用の機器によっては、付属 CD がうまく再生されない場合もございます。あらかじめご了承ください。

INDICE

はじめに……………………………………… iii
この本の使い方……………………………… iv
本書で使われている記号…………………… v
発音と表記について ………………………… v
CD について………………………………… vi

Capitolo 1 　ベーシックフレーズ…………………… 1
Capitolo 2 　喜怒哀楽フレーズ……………………… 33
Capitolo 3 　意見・主張フレーズ…………………… 59
Capitolo 4 　日常生活フレーズ……………………… 83
Capitolo 5 　お願い・命令フレーズ………………… 109
Capitolo 6 　遊び・食事フレーズ…………………… 123
Capitolo 7 　ビジネスフレーズ……………………… 139
Capitolo 8 　恋愛フレーズ…………………………… 157
Capitolo 9 　熟語・慣用句フレーズ………………… 175

イタリア語索引……………………………… 191
日本語索引…………………………………… 195

Capitolo 1
ベーシックフレーズ

あいづちや受け答え、基本のあいさつなど、
どんな場面でも使える、短くて便利なフレーズを集めました。
コミュニケーションの始まりは、簡単な言葉のやりとりから。

1 Ciao.
[チャオ]
▶ ただいま／おかえり。

Figlio : **Ciao,** mamma.
Madre : **Ciao,** Massimo. Com'è andata a scuola?

　子：母さん、ただいま。
　母：おかえり、マッスィモ。学校はどうだった？

★日本語の「ただいま」「おかえり」をイタリア語に置き換えると、どちらも ciao で事足りる。「おかえり」には Ben tornato.（女性1人に対しては Ben tornata.）という表現があるが、日常生活ではなく、旅行などから帰った人に対して言うフレーズ。「いってきます」「いってらっしゃい」も ciao で OK。

★Com'è andata?：どうだった？　漠然と、la cosa（物事）を主語にしているので、過去分詞は女性単数形になっている。

2 Salve.
[サルヴェ]
▶ どうも。

A : **Salve,** buongiorno, vorrei due etti di ricotta e tre etti di Parmigiano Reggiano.
B : Due di ricotta e tre di Parmigiano... Vuole qualcos'altro?

　*A：どうも、こんにちは。リコッタチーズ200グラムとパルミジャーノ・レッジャーノ300グラムをお願いしたいのですが。
　 B：リコッタ200とパルミジャーノ300ですね…。ほかに何かご入用ですか？

★Salve.：どうも、こんにちは。ciao は敬語を使わない相手に対して用いられるあいさつで、敬語を使う相手には buongiorno（こんにちは）、buonasera（こんばんは）などと言うが、salve はその中間の表現。店員や初対面の相手に対し、敬語と非敬語のどちらを使うか迷ったときによく使われる。

★due etti di ...：200グラムの〜。「100グラム」を un etto と言う。duecento grammi di ... と言っても OK。お店の人が確認するセリフでは、etti が省略されている。

★qualcos'altro：ほかに何か。qualcosa（何か）と altro（ほかの）が一体になった表現。

2　CAPITOLO 1

3 Già.
[ジャ]
▶ そうだね。

A: Camminare sotto questa pioggia fino alla stazione non è il massimo.
B: **Già.** Ma se non abbiamo altri mezzi…

*A: こんな雨じゃ、駅まで歩いて行くのは気が乗らないね。
B: そうだね。だけど、ほかに手段がないし…。

★pioggia: 雨。sotto questa pioggia で「このような雨の下では」。
★Non è il massimo.: あまり気乗りしない (⇒ 171)。
★Già.: そうだね、そのとおり。単純な肯定以外にも、「まあね、そういうことだね」などと諦観を表すときにも用いる。
★mezzo: 手段。se non abbiamo altri mezzi で「ほかの手段がない以上は」の意。この se は仮定「もしも」でなく「～である以上は」を表す。このような表現では、文の後半 (例:「しかたがない」「歩くしかない」) は言わなくてもわかるので、省略されることが多い。

4 Guarda,
[グゥワルダ]
▶ あのね

A: Allora, com'è andato il colloquio?
B: **Guarda**, è andato proprio bene. Spero di essere assunto.

*A: で、面接はどうだった？
B: いや、とってもうまくいったよ。採用されるといいな。

★colloquio: 面接。
★guarda: あのね、いやその。話し始めに相手の注意を引く言い方。動詞 guardare (見る) の tu に対する命令法。lei に対する guardi もよく使われる。
★proprio: まさに。
★spero di + 不定詞: (私は) (自分が) ～することを望む。
★essere assunto: 採用される。assumere (採用する) の受動態。

CAPITOLO 1

5 **Dimmi.**
[ディンミ]
▶ 何かな。

A: Scusa Andrea, posso rubarti cinque minuti?
B: Anche dieci. **Dimmi.**

 *A: ねえ、アンドレーア、今5分いいかな？
 B: 10分でもいいよ。何かな。

★rubare: 盗む、もらう。間接目的語の ti は「きみから」を表している。
★Dimmi.: "dire（言う）の tu に対する命令法 di' ＋ 間接目的語の代名詞 mi（私に）"で、直訳は「私に言いなさい」。「どうぞ話して、何かな？」というニュアンスの言葉。Dimmi tutto.（どうぞ、何でも話して）というバリエーションもある。

6 **Dunque,**
[ドゥンクゥウェ]
▶ えーっと

A: **Dunque,** oggi quanti ne abbiamo?
B: Ne abbiamo dodici. Ma oggi non era il tuo compleanno?

 *A: えーっと、今日は何日だっけ？
 B: 12日だよ。今日はきみの誕生日じゃなかったっけ？

★dunque は「えーっと」と何を言おうか考えながら時間稼ぎをするときに便利な表現。ほかに allora もよく使われる。
★Quanti ne abbiamo?: 何日でしょうか？ ne は di giorni（日については）を置き換えた代名詞。直訳は「日については私たちはいくつ持っているか」。

7 **Senti,**
[センティ]
▶ ねえ

A: **Senti** Carlo, ti volevo chiedere una cosa.
B: Sì, dimmi.

 *A: ねえカルロ、ひとつ聞きたいことがあるんだけど。
 B: 何かな。

★senti: ねえ、あの。sentire（聞く）の tu に対する命令法。lei には senta, voi には sentite と言う。話し始めに、相手の注意を引くのに便利。

8 Sai,
[サイ]

▶ ほら／あのね

A: Che cosa regali a tua sorella per il suo compleanno?
B: Non so ancora. **Sai,** è un tipo molto attento alla moda, è molto difficile indovinare i suoi gusti.

 A: お姉さんの誕生日に何をプレゼントするの？
 *B: うーん、どうしよう。ほら、姉はおしゃれに敏感なタイプなの。姉の趣味に合うものを探すのは難しいなあ。

★sai は sapere（知る）の活用形だが、「知ってる？」というより、「ほら、あのね」と軽く相手の注意を引くために使われる。

★essere un tipo + 形容詞：～なタイプである。

★attento a …：～に気をつかう、～に注意している。

★indovinare i suoi gusti：彼女の趣味に合うものを見つける。indovinare の原義は「当てる、推測する」、gusti は gusto（趣味）の複数形。

9 Dici?
[ディーチ]

▶ そう思う？

A: Guarda, è meglio chiedere scusa a Cristina il più presto possibile.
B: **Dici?** Allora cercherò di chiamarla oggi stesso.

 *A: あのさあ、クリスティーナに一刻も早く謝ったほうがいいって。
  B: そう？　じゃあ、さっそく今日電話するようにするよ。

★chiedere scusa a + 人：～に謝る（⇒ 51 ）。

★il più presto possibile：できるだけ早く。al più presto possibile とも言う。

★Dici?：（きみは）そう思う？　dire（言う）の活用形で、「きみはそう言うの？→きみはそう思う？」と意見を問う際に使われる。lei に対してなら Dice? となる。

★cercare di + 不定詞：～しようとする、～しようと試みる。

★oggi stesso の stesso は強調の形容詞で、「～そのもの、～自体、まさに～」というニュアンスが加わる。

CAPITOLO 1

10 Infatti.
[インファッティ]
▶ そうだね。

A: Poi la prof ci dà sempre troppi compiti. Non li finiamo mai.
B: **Infatti.**

　　*A: それに、先生は出す宿題がいつも多すぎるんだよね。終わらないじゃん！
　　B: そうだね。

★prof は professore / professoressa（中・高・大学の先生）の略。口語的な言い方。
★non ... mai: 決して〜ない。
★infatti: 実際に。「それは事実だね」という気持ちをこめて返事をする表現。少し諦めた感じで言われることが多い。

11 Appunto.
[アップゥント]
▶ まさに。

A: Sai, oggi ho incontrato Luigi.
B: Luigi? Quel ragazzo che abitava al piano di sopra?
A: **Appunto.**

　　A: 今日ね、ルイージに会ったんだよ。
　　*B: ルイージ？ あの、上の階に住んでた彼？
　　A: まさにそうだよ。

★abitare al piano di sopra: 上の階に住む。
★appunto: まさにそう。同義語に esatto, esattamente（そのとおり）などがある。

12 Allora?
[アッローラ]
▶ それで？

A: Luca, vorrei chiederti un favore. Sai, ho comprato un computer, no? E **allora**…
B: E **allora?**

　　*A: ルーカ、お願いがあるんだけど。ほら、私パソコン買ったでしょ？ それで…。
　　B: それで何？

★chiedere un favore a + 人: 〜に頼みごとをする（⇒ 270 ）。
★allora は話を続けるのに言葉がとっさに出てこないときや、相手の話を促すときにも使われる。いらいらした口調だと、「だから何なの？」と突き放した感じになる。

6　CAPITOLO 1

13 Tipo?
[ティーポ]
▶ たとえば？

A : Mi piacciono le attrici comiche.
B : **Tipo?**
A : **Tipo,** che ne so, Luciana Littizzetto.

 A：ぼくはコミカルな女優が好きだなあ。
 *B：たとえば？
 A：たとえば、そうだなあ、ルチャーナ・リッティッツェットとか。

★piacere：（物事が）〜に好まれる（⇒ 58 , 59 ）。
★attrice comica：コメディー女優。
★Tipo? は Per esempio?（たとえば？）の口語的なバリエーション。原義は「タイプ、種類」。
★che ne so：そうだなあ。何と言ったらいいか、考えている最中に使う（⇒ 63 ）。直訳は「私はそれについて何を知っているか」。

14 Come?
[コーメ]
▶ 何とおっしゃいましたか？

A : E ad un certo punto vede un distributore di benzina sulla sinistra. Superato quello, giri a destra.
B : **Come?** Ha detto di girare a sinistra?

 A：ある地点で、左側にガソリンスタンドが見えてきます。スタンドを越えたら、右に曲がってください。
 *B：えっ？　何とおっしゃいました？　左に曲がればいいんですか？

★ad un certo punto：ある地点で。
★distributore di benzina：ガソリンスタンド。
★sulla sinistra：左側に。
★superare：越える。superato quello は過去分詞構文で「それを越えたら」。
★girare a destra：右に曲がる。
★Come?：何とおっしゃいましたか？　聞き返す表現として、ほかに Prego?（⇒ 24 ）/ Scusi? / Come, scusi? などがある。
★dire di + 不定詞：〜するように言う、指示する。

CAPITOLO 1　7

15 Figurati.
［フィグゥーラティ］
▶ **そんなことないよ。**

A：Scusami se ti chiamo a quest'ora. Dormivi?
B：Ma no, **figurati**. Stavo guardando la tv.

*A：こんな時間に電話してごめんなさい。寝てた？
 B：いや、そんなことないよ。テレビを見てたんだ。

★Scusami.: ごめん。動詞 scusare（許す）の tu に対する命令法 scusa に mi（私を）がついた形。se ti chiamo（きみに電話して）の se は仮定「もしも」ではなく事実「〜して」を表す。

★Figurati.: そんなことないよ。figurarsi（考えてみる）の tu に対する命令法。直訳は「考えてもみて（、〜ではないから）」。「考えてもみて（、感謝されるようなことは何も…）」という気持ちを込めて、お礼に対する返事としてもよく使われる（⇒ 214 ）。lei に対しては Si figuri. と言う。

16 Vedremo.
［ヴェドレーモ］
▶ **どうだろう／成り行きを見てみよう。**

A：Cosa fai in estate? Vai in Spagna come l'anno scorso?
B：A dire la verità, non so ancora cosa farò. Forse torno in Spagna, oppure vado in Portogallo dove ho un amico. **Vedremo.**

*A：夏は何するの？　去年みたいにスペインに行くの？
 B：実はまだ決めてないんだ。またスペインを訪ねるかもしれないし、友達がいるポルトガルに行くかも。まあ、どうなるかな。

★a dire la verità: 本当のことを言うと、実は（⇒ 168 ）。

★tornare: 戻る、（訪れたことのある旅先に）もう一度行く。

★Vedremo.: 成り行きを見てみよう、さあどうなることか。はっきりしない未来のことを、vedere（見る）の未来形の noi の活用で表すことができる。

17 Volentieri!
［ヴォレンティエーリ］
▶ 喜んで！

A: Questo fine settimana pensiamo di andare al cinema. Vuoi venire con noi?
B: **Volentieri!** È da tanto che non guardo un film.

*A: 私たち今週末、映画に行こうと思ってるんだけど。あなたも来ない？
 B: 喜んで！　映画を見るのは久しぶりだなあ。

★pensare di + 不定詞：〜しようと思っている。

★volentieri：喜んで。副詞で、動詞と使う場合はそのあとに置く。例：Vengo volentieri.（喜んで行きます。）

★È da tanto che non ...：〜するのは久しぶりだ。直訳は「ずいぶん前からだ、〜していないのは」。

18 Magari!
［マガーリ］
▶ そうだったらいいんだけど。

A: Che bella macchina! È tua?
B: **Magari!** È di mio cugino.

*A: 素敵な車だね！　あなたの？
 B: いや、違うんだ。いとこの車なんだよ。

★Che bella macchina!：なんてすばらしい車！ "che + 形容詞 + 名詞"の感嘆文。

★magari は多義語で、ここでは「(そうだったらいいのだけれど) 残念ながら違います」というニュアンス。ほかにも、Magari ci vediamo in centro? (何だったら、街中で会うことにする？) のように、提案が断定ではなく選択肢の一つであることを表したり、誘いに対して、元気に Magari! と言えば「いいですね、ぜひ！」と誘いを受けることを、元気なく皮肉を込めて Magari! と言えば「そうしたいところだけど…無理」と誘いを断ることを表す。

★cugino：いとこ。女性のいとこなら cugina。

CAPITOLO 1　9

19 **Eccome!**
[エッコーメ]
▶ **それはもう！**

A : È stato duro il lavoro?
B : **Eccome!**

 *A : その仕事は大変だった？
  B : そりゃあ、もう！

★duro: 大変な、ハードな。

★eccome: ものすごく、それはもう。質問への返答で、程度が甚だしいことを伝える表現。

20 **Ecco.**
[エッコ]
▶ **そう、それです。**

A : Che cosa prendiamo da bere? Un lambrusco? Un chianti?
B : **Ecco,** prendiamo un chianti.

 *A : 飲み物はどうする？　ランブルスコ？　キャンティ？
  B : そう、それだよ。キャンティにしよう。

★da bere: 飲み物としては。

★lambrusco, chianti はともにワインの種類。

★ecco は、ど忘れした言葉をぱっと思い出したときや、言おうとしていた言葉を相手が代わりに言ってくれたときに、「そう！　まさにそれです！」と満足感を表す表現。

21 **Niente.**
[ニエンテ]
▶ **別に。**

A : Allora, ti sei divertito alla festa? Di che cosa avete parlato?
B : **Niente**, di film, di calcio... Insomma, delle solite cose.

 *A : で、パーティーは楽しかった？　どんな話をしたの？
  B : 別に、映画とか、サッカーとか。まあ、いつも話すようなことだよ。

★divertirsi: 楽しむ。

★niente: 別に何でもない。具体的な内容を話す前に、とりあえず言っておく表現。

★insomma: 結局のところ、要するに (⇒ 91)。

★solito: いつもの。

10 CAPITOLO 1

22 Altrettanto.
［アルトレッタント］
▶ **あなたもね。**

A: Allora divertitevi in montagna! Buone feste!
B: Grazie, **altrettanto**!

 A: じゃあ、山を楽しんでね！　よい休暇を！
*B: ありがとう、そちらもね！

★divertirsi: 楽しむ。divertitevi は voi に対する命令法。

★Buone feste!: よい休暇を！　festa は「祝日」を指す。クリスマスやお正月が重なる冬の休暇をひとまとめにして、Buone feste! と言うことができる。

★altrettanto: そちらも同様に。Buon appetito.（おいしく召し上がれ；⇒ 278 ）や Buona serata.（よい夕べを；⇒ 49 ）などの祈願文に対する返答。

23 Gentilissimo!
［ジェンティリッスィモ］
▶ **どうもご親切に！**

A: Dai, porto io la valigia.
B: Grazie, **gentilissimo**!

 A: さあ、スーツケースはぼくが運んであげるよ。
*B: ありがとう、どうもご親切に！

★dai: さあ、ほら（⇒ 75 ）。ここでは親切を申し出るために使われている。

★porto io: ぼくが運ぶ。portare（運ぶ）のあとに主語を置くのは、「ぼくが」と強調するため。

★gentilissimo は相手の親切に感謝する言い方。gentile（親切な）の絶対最上級。Molto gentile.（どうもご親切に）と比べて、より元気な勢いが感じられる。

24 Prego.
［プレーゴ］
▶ **お先にどうぞ。**

A: **Prego**, signora.
B: Oh, grazie.

 A: どうぞ、お先に。
*B: ありがとうございます。

★Prego. はいろいろな場面で「どうぞ」と促すときに使える。入口の前などで「お先にどうぞ」と言うときの表現には Dopo di lei. もあるが、むしろ Prego. のほうがよく使われる。

CAPITOLO 1　11

25　**Anzi.**
［アンツィ］
▶ いや、むしろ。

A：Mi dispiace ma per la mancanza di posti in classe economica la dobbiamo mettere in business.
B：No, non mi dispiace per niente. **Anzi.**

　　*A：申し訳ありませんが、エコノミークラスが満席になってしまいまして、お客様にはビジネスクラスに移っていただくことになります。
　　 B：いえ、全然問題ありません。いや、むしろうれしいです。

★Mi dispiace.：残念です；申し訳ありません（⇒ 96 ）。
★mancanza：ないこと、不足、欠如。
★posto：座席。
★classe economica：エコノミークラス。
★per niente：全然（〜ない）。
★anzi：いやむしろ、それどころか。接続詞だが、返答の際に単独で用いて反意を表すことができる。

26　**Come dire…**
［コメ・ディーレ］
▶ 何て言うか…

A：Ma tu sei… **come dire**… un po' troppo pignolo, ecco.
B：Ma come, pignolo io?!

　　*A：あなたって…何て言うか…そう、ちょっと細かすぎるのよ。
　　 B：何だって？　ぼくが細かすぎるだって?!

★come dire：何と言うべきか、何と言ったらいいのか、と躊躇しているときに口にする表現。疑問詞のあとに不定詞が続くと、「〜すべき」のニュアンスが加わる。
★pignolo：細かい、神経質な。un po' troppo … は「ちょっと〜すぎる」。
★…, ecco.：そう、私が言いたかったことはこれです。探していた言葉が見つかったときの満足感を伝える表現（⇒ 20 ）。
★Ma come?：何だって？　相手が言ったことに憤慨して、抗議する表現。

27 Hai ragione.
［アイ・ラジョーネ］
▶ そのとおりだね。

A: Perché non invitiamo anche Giorgio alla festa?
B: **Hai ragione.** Invitiamolo.

　　A: パーティーにはジョルジョも招いたらどうかな？
　*B: そうだね。招待しよう。

★Perché non ...?:（noi が主語で）〜するのはどうかな？　提案の表現。
★avere ragione: 〜の言うことは正しい。Hai ragione. で、「きみの言うとおりだ、そのとおりだね」。

28 Sul serio?
［スゥル・セーリヨ］
▶ 本気で？

A: Penso di lasciare il lavoro.
B: Dici **sul serio?** Ma perché dici così all'improvviso?

　　A: 仕事を辞めようかと思ってるんだ。
　*B: 本気で言ってるの？　どうして急にそんなこと言いだすの？

★lasciare: 〜を辞める。
★sul serio: 本気で。単独で使うほか、動詞 dire（言う）と組み合わせて Dici sul serio?（本気で言ってるの？）などと使われる。
★all'improvviso: 突然。

29 Come mai?
［コメ・マーイ］
▶ どうして？

A: **Come mai** non esci stasera?
B: Sono solo un po' stanco.

　*A: 今夜はどうして遊びに行かないの？
　　B: ちょっと疲れてるだけだよ。

★come mai: いったいどうして。疑問詞につく mai（いったい）は強調のニュアンスを与える。Non esci stasera? Come mai?（今夜は遊びに行かないの？　どうして？）のように、come mai を単独で使うこともできる。
★uscire: 遊びに行く、外出する。

CAPITOLO 1

30 A proposito,
[ア・プロポーズィト]
▶ ところで

A: **A proposito,** come sta tuo padre?
B: Sta bene, grazie.

*A: ところで、あなたのお父さんはお元気？
B: はい、元気にしています。

★a proposito: ところで。proposito のアクセントの位置に注意。

31 Come vuoi.
[コメ・ヴゥウォーイ]
▶ どうぞお好きなように。

A: Verso che ora ci vediamo? In mattinata o nel pomeriggio?
B: Mah... **come vuoi.** Tanto sono libero tutto il giorno.

*A: だいたい何時頃に会おうか？　午前がいい？　それとも午後？
B: きみの好きな時間でいいよ。どうせおれ一日中空いてるから。

★verso che ora: 何時頃。
★come ...: 〜なように、〜のとおり。come vuoi の直訳は「きみが望むように」。
★tanto: どうせ、どっちみち (⇒ 159)。
★essere libero: 暇である、予定が空いている。

32 Vedi tu.
[ヴェーディ・トゥ]
▶ あなたのいいように決めて。

A: Allora dove ci vediamo stasera?
B: Possiamo incontrarci in centro o possiamo vederci direttamente al cinema. **Vedi tu.**

A: で、今晩はどこで会おうか？
*B: 街中で落ち合ってもいいし、直接映画館で会うのでもかまわない。あなたの都合のいいようにどうぞ。

★incontrarsi: 会う、落ち合う。この会話例では vedersi も同じ意味で使われている。
★Vedi tu. は vedere (見る) の tu に対する命令で、直訳は「あなたが見て」。「あなたが考えて、都合のいいように決めてね」という意味合いがこめられている。

14　CAPITOLO 1

33 Hai presente?
［アイ・プレゼンテ］
▶ 思い浮かぶ？

A : E in Turchia abbiamo provato anche il narghilè. **Hai presente?** È quello strumento a forma di bottiglia con un tubo…
B : Sì, sì, ho capito qual è.

*A： で、私たち、トルコでは水タバコも試してみたの。思い浮かぶ？　あの、チューブがついた瓶みたいな形の道具なんだけど…。
B： うん、何のことかわかるよ。

★narghilè：水タバコ。
★avere presente：思い浮かぶ。疑問文にして、「何のことを言っているかわかる？」という意味でよく使われる。
★a forma di …：〜の形をした。

34 Hai visto?
［アイ・ヴィスト］
▶ ほらね？

A : Oggi Bruno è venuto per scusarsi con me.
B : **Hai visto?** Te l'avevo detto che prima o poi si sarebbe scusato.

A： 今日ブルーノが来て、ぼくに謝っていったよ。
*B： ほらね。いつか謝りに来るはずだって言ったとおりでしょ。

★scusarsi con + 人：〜に謝る。
★Hai visto?：ほらね。「そらみたことか」というニュアンス。
★Te l'avevo detto che …：私はきみに〜と言っていたでしょ。l'＝lo（そのことを）は che 以下の内容を先取りする代名詞。「私が言ってたこと、合ってたでしょ」というニュアンス。
★prima o poi：いつかは。si sarebbe scusato（彼は謝るはずだ）は過去から見た未来を表す条件法過去の用法。

CAPITOLO 1　15

35 Tutto chiaro?
[トゥット・キヤーロ]
▶ **不明な点はないですか？**

A: **Tutto chiaro?** C'è qualcosa che non hai capito bene?
B: No, no. Tutto chiarissimo.

    *A: 不明な点はない？　よくわからなかったことはないかしら？
    B: いいえ。すべてよくわかりました。

★Tutto chiaro?: すべて明白でしょうか？　説明のあとの確認でよく使われる。

36 Ci siamo?
[チ・スィヤーモ]
▶ **わかりましたか？**

A: Ragazzi, fin qua tutto bene? **Ci siamo?**
B: Sì, abbiamo capito tutto.

    *A: みなさん、ここまでのところは問題ないですか？　大丈夫ですか？
    B: はい、全部理解できました。

★fin qua: ここまでのところは。qua（ここに [へ]）の代わりに、同義語 qui でも OK。
★esserci: 説明を理解できている、揃うべき物・人がすべて揃っている。Ci siamo? の原義は「（私たちは）いますか？」。「どこかで置いてきぼりにならずに、ちゃんとここにいますか？　理解が追いついていますか？」というニュアンス。tu が主語なら Ci sei? となる。

37 Per niente.
[ペル・ニエンテ]
▶ **全然。**

A: Non ti piacciono gli animali?
B: No, **per niente.** Da piccolo mi piacevano, ma adesso no.

    *A: 動物、好きじゃないの？
    B: うん、全然。子どもの頃は好きだったんだけど、今は好きじゃない。

★piacere:（物事が）〜に好まれる（⇒ 58 , 59 ）。
★per niente: 全然（〜ない）。
★da piccolo: 小さい頃。

38 Non trovi?
［ノン・トローヴィ］
▶ **そう思わない？**

A : Io penso che Irene sia una persona molto premurosa. **Non trovi?**
B : Io la trovo piuttosto calcolatrice.

> *A : 私、イレーネはとっても気配りができる人だと思うな。そう思わない？
> B : ぼくはかなり計算高い人だと思うよ。

★premuroso：配慮が細やかな。

★Non trovi?：（きみは）そう思わない？　動詞 trovare には、「見つける」だけでなく「思う」という意味もある。"trovare ＋ 直接目的語（この場合は la）＋ 形容詞"で、「…を〜だと思う」の意。

★calcolatore：計算高い。女性形は calcolatrice.

39 Sei sicuro?
［セイ・スィクゥーロ］
▶ **本当にいいの？**

A : Se vai alla stazione ti accompagno in macchina.
B : No, non ti preoccupare, prendo l'autobus.
A : **Sei sicuro?**

> *A : 駅に行くんだったら、車で送っていってあげるよ。
> B : いや、心配しないで。バスに乗るから。
> *A : 本当にそれでいいの？

★accompagnare：送っていく。

★Non ti preoccupare.：心配しないで（⇒ 260 ）。

★Sei sicuro? は「（自分の言っていることを）本当に確信しているの？」という意味。申し出を断った人に対して、「本当にそれでいいの？」と確かめるときにもよく使われる。essere を省いて Sicuro? / Sicura? のように言うことも多い。

CAPITOLO 1　17

40 Tutto qui.
[トゥット・クゥウィ]
▶ **それだけのことです。**

A: Mah... è tutto qui?
B: Sì, **tutto qui.**

    ＊A：だけど…ほかに説明はないの？
    　B：いや、これ以上何もないよ。

★Tutto qui. は「今言ったこと以上に付け加えることはない」という意味合いでよく使われる表現。qui は同義語の qua と置き換え可能。

41 Nemmeno io.
[ネンメーノ・イーヨ]
▶ **私も。**

A: Chi è questo scrittore? Non lo conosco.
B: **Nemmeno io.** Forse è uno che ha appena esordito.

    ＊A：この作家、誰？　知らないなあ。
    　B：ぼくも。デビューしたての人かなあ。

★nemmeno: 〜もまた…ない。肯定文を受けて「私も」と言うなら Anch'io. だが、否定文を受けると Nemmeno io. または Neanch'io. となる。口語の同義表現で Manco io. という言い方もある。

★esordire: デビューする。

42 Come no!
[コメ・ノ]
▶ **もちろんです／ぜひ！**

A: Scusi, posso prendere una piantina della città?
B: **Come no!**

    　A：すみません、町の地図をもらっていっていいですか？
    ＊B：もちろんどうぞ。

★piantina: (一枚ものの) 地図。

★Come no!: もちろん (どうぞ)、ぜひ！　反語の表現で、直訳は「なぜ否ということがありえるか (、いやない)」。許可を求められたときや、誘い・提案に対する強い肯定の返事として使われる。誘い・提案に対する返事には Perché no? (⇒ 44) もあるが、Come no! のほうがよく使われる。

18　CAPITOLO 1

43 Con piacere!
［コン・ピヤチェーレ］
▶ 喜んで！

A: Ho appena sfornato una torta al cioccolato. Vuoi assaggiarla?
B: **Con** molto **piacere!** Io vado pazzo per le torte.

*A: チョコレートケーキを焼いたところなんだけど。味見してみる？
B: もう、喜んで！　ぼくはケーキ類に目がないんだ。

★sfornare:（焼いたばかりのものを）オーブンから取り出す。
★torta: ケーキ。丸いホールケーキを指す。
★con（molto）piacere:（大いに）喜んで。この piacere は名詞で「喜び」の意。
★andare pazzo per ...: ～が大好きである、～に目がない（⇒ 143 ）。

44 Perché no?
［ペルケ・ノ］
▶ いいね。

A: Domani, che ne pensi di andare al mare?
B: **Perché no?** Dicono che farà bel tempo. Sarà molto piacevole stare al mare.

A: 明日海に行くっていうのはどう？
*B: いいねえ。明日は晴れるらしいし、海辺で過ごすのはとっても気持ちよさそう。

★Che ne pensi di + 不定詞？: ～するのをどう思う？
★Perché no?: いいね。「なぜ否ということがあろうか（、いやない）」という反語の表現。提案や誘いに対する肯定の返事として使われる。
★fare bel tempo: よい天気である。dicono che ... は「彼らは～と言っている→～らしい、～のようだ」。
★piacevole: 心地よい。

45 **Sto scherzando.**
[スト・スケルツァンド]
▶ **冗談だよ。**

A : Alla festa avremo cinquanta ospiti...
B : Cosa?! Cinquanta ospiti?!
A : No, no, **sto scherzando.**

 A : パーティーにはお客さんが 50 人来るよ。
 *B : えっ?!　お客さんが 50 人?!
 A : いやいや、冗談だよ。

★ospite: お客さん、ゲスト。

★scherzare: 冗談を言う。「冗談だよ」は現在進行形 Sto scherzando.（私は冗談を言っているところだ）や過去進行形 Stavo scherzando.（私は冗談を言っていた）で言われることが多い。

46 **Un abbraccio!**
[ウナッブラッチョ]
▶ **またね！**

A : Allora non vedo l'ora di rivederti. Ciao, **un abbraccio!**
B : Ciao Paolo, ciao ciao ciao...

 A : じゃあ、また会えるのを楽しみにしてるよ。またね！
 *B : またね、パオロ、バイバイ…。

★non vedere l'ora di + 不定詞: 〜するのを楽しみにしている（⇒ 106 ）。

★Un abbraccio!: またね。原義は「あなたに抱擁を送ります」。イタリアでは別れ際のハグを実際にできなくても、電話で言ったりメールに書いたりすることで、ハグをしているような親しみを相手に伝える。同様の表現に Un bacione.（大きなキスを送ります）などがある。

★電話を切るときは ciao と 1 回言えばいいのだが、ガチャンと電話を切って冷たい感じに響くことを恐れ、ciao を早口で繰り返し言い続けることがよくある。

47 Vi saluto.
[ヴィ・サルゥート]
▶ それでは私はこれで。

A: Va bene ragazzi, **vi saluto**!
B: Ciao Anna, a lunedì!

　　*A: じゃあみんな、私はこれで。
　　　B: バイバイ、アンナ。また月曜日にね！

★この会話例の Va bene. は、用件が済み、別れのあいさつの準備ができたことを表す。
★salutare: 〜にあいさつする。salutare は他動詞なので、人の名前をそのまま続けるか、直接目的語の代名詞とともに使う。

48 Alla prossima!
[アッラ・プロッスィマ]
▶ またの機会に！

A: Grazie, arrivederci!
B: Grazie a voi. **Alla prossima**!

　　A: ありがとうございます、またのお越しをお待ちしています。
　　*B: こちらこそありがとう。ではまた次の機会に！

★Grazie a voi.: あなた方にこそ感謝します (⇒ 55)。
★Alla prossima!: またの機会に！　volta (回) が省略されていると考えられる。お店や知人・友人間で、次にいつ会うかわからない人に対して使われる。

49 Buona serata!
[ブゥウォナ・セラータ]
▶ さようなら、よい夕べを！

A: Bene, allora ci vediamo la prossima settimana. **Buona serata**!
B: Grazie, anche a te. Ciao!

　　A: じゃあ、また来週会おうね。楽しい夕べを過ごしてね！
　　*B: ありがとう、あなたも。じゃあね！

★la prossima settimana: 来週。la settimana prossima と言っても OK。
★Buona serata!: よい夕べを。夕方に別れる人に対するあいさつ。このあいさつの返事として、Anche a te [voi / lei]. (きみ [きみたち／あなた] も) と言ったり、Altrettanto! (同様のことをあなたにも祈ります; ⇒ 22) と言ったりする。

CAPITOLO 1

50 A dopo.
[ア・ドーポ]
▶ またあとで。

A: Va bene, allora ci vediamo più tardi.
B: Sì, **a dopo**!

　　A: じゃあ、またあとでね。
　*B: うん、またあとで。

★A dopo.: またあとで。A più tardi. とも言える。なお、ci vediamo に続ける場合は、a が取れて Ci vediamo dopo. と言う。この場合の a は「〜まで（ごきげんよう、さようなら）」という意味なので、vedersi（会う）のような瞬間の行為を表す動詞にそぐわないため。domani や曜日の表現でも同様。例: Ci vediamo giovedì? — Sì, d'accordo. Allora, a giovedì.（木曜に会おうか？ — うん、了解。じゃあ木曜に。）

51 Chiedo scusa.
[キエド・スクゥーザ]
▶ 申し訳ありません。

A: Scusi signora, mi sta calpestando un piede.
B: Oh, **chiedo scusa.** Non vedevo bene…

　　A: あの、すみません、私の足を踏まれていますよ。
　*B: ああ、申し訳ありません。よく見えていなかったもので…。

★calpestare un piede a ...: 〜の足を踏む。

★chiedere scusa: 詫びる。Chiedo scusa. で「お詫びします、申し訳ありません」の意。Scusi.（すみません）よりも丁寧な謝罪で、さらに間接目的語を添えると丁寧さが増す。例: Le chiedo scusa.（あなたにお詫び申し上げます。）

52 Ci mancherebbe.
[チ・マンケレッベ]
▶ どういたしまして／とんでもない。

A: Grazie Carlo, non so come ringraziarti!
B: Ma **ci mancherebbe**!

　*A: ありがとう、カルロ、恩に着る！
　　B: いや、どういたしまして。

★Non so come ringraziarti.: きみにどう感謝していいかわからない（⇒ 73 ）。

★Ci mancherebbe.: そんなお礼を言われるようなことは何も。ci は漠然と「この場合」を表し、mancherebbe は動詞 mancare（足りない）の条件法現在。「（その行為をしなかったとしたら）この場面において足りない感じがするだろう」、つまり「当然のことをしたまでです」というニュアンス。

22　CAPITOLO 1

53 Buongiorno a tutti.
［ブゥウォンジョールノ・ア・トゥッティ］
▶ みなさんこんにちは。

A: Adesso fate una piccola presentazione di voi stessi. Yumi, vuoi cominciare tu?
B: D'accordo. **Buongiorno a tutti,** mi chiamo Yumi.

 A： 今からみんなに短い自己紹介をしてもらいます。ユミ、きみから始めてくれる？
*B： わかりました。みなさんこんにちは、私はユミと言います。

★Vuoi cominciare tu?：あなたが始めてくれる？ 動詞 volere は「～したい」という願望を表すだけでなく、相手に依頼・命令するときにも使える。この場合、主語を強調して「あなたが」と言うため、tu を省略しない。

★D'accordo.：わかりました、承知しました。

★Buongiorno a tutti. に限らず、Buonasera a tutti.（みなさんこんばんは）、Grazie a tutti.（みなさんありがとうございます）などの表現では、前置詞 a を忘れずに。

54 Da quanto tempo!
［ダ・クゥワント・テンポ］
▶ 久しぶり！

A: Elena! Ma **da quanto tempo!**
B: Sì, è da tanto che non ci vediamo. Come stai?

 A： エレナ！ うわー、久しぶりだね！
*B： うん、本当に久しぶり。元気？

★Da quanto tempo!：久しぶりですね。quanto（どれほどの）を使った感嘆文で、「どれほど前から（私たちは会っていないことか）」という意味。

★È da tanto che non ci vediamo.：私たちが会うのは久しぶりだ。essere と che を使った強調構文で、essere のあとに強調したい文の要素を、che のあとに強調箇所以外のすべてを置く。電話で「久しぶり」と言うなら、È da tanto che non ci sentiamo.（話すのは久しぶりだね）。

CAPITOLO 1

55 Grazie a te.
［グラッツィェ・ア・テ］
▶ こちらこそ。

A: Riccardo, grazie per questa bellissima serata.
B: **Grazie a te.**

　*A: リッカルド、こんなに楽しい夕べをありがとう。
　 B: こちらこそ。

★Grazie per ...: ～をありがとう。per の代わりに di を使うこともできる。

★serata:（ホームパーティーやコンサート、映画、食事などを楽しむ）夕べ。bellissima は「素敵な、楽しい」というニュアンスの語。

★Grazie a te.: きみのほうにこそ感謝するよ、こちらこそありがとう。相手に応じて、Grazie a lei［voi］. と変える。特に店でのやりとりでは、grazie を略し、A te［lei／voi］. と言うこともある。

56 Grazie lo stesso.
［グラッツィェ・ロ・ステッソ］
▶ でもありがとう。

A: Pensavo di poter finire tutto entro oggi, ma sono stato abbastanza indaffarato e ho potuto fare solo la metà.
B: **Grazie lo stesso!**

　 A: 今日中に全部終えられると思ったんだけど、結構忙しくて、半分しかできてないんだ。
　*B: でもありがとう。

★pensare di + 不定詞: ～だと思う。pensavo（～と思っていた）は直説法半過去、io の活用。

★indaffarato: 忙しい。

★metà: 半分。

★Grazie lo stesso. は lo stesso（それでも）を加えて、期待していた結果が得られなくても、「それでも感謝しています」と伝えるフレーズ。

24　CAPITOLO 1

57 Ma non dovevi!
[マ・ノン・ドヴェーヴィ]
▶ わざわざすみません！

A : Ecco, ho portato un piccolo regalo per te.
B : **Ma non dovevi!**

　　A : きみにちょっとしたプレゼントを持ってきたよ。
　*B : まあ、悪いわね、ありがとう！

★piccolo：小さな。（名詞の前に置いた場合）ちょっとした、ささやかな。

★Non dovevi. の直訳は「あなたはそうする必要はなかった」だが、「わざわざそんなことしなくてもよかったのに」というより、「お気づかいいただいてすみません」という感謝の気持ちを表す。

58 Anche a me.
[アンケ・ア・メ]
▶ 私も。

A : Mi piace molto questo cantante.
B : **Anche a me.** Ha una voce molto espressiva.

　*A : 私、この歌手が大好き。
　 B : ぼくもだよ。表情豊かな声をしているよね。

★piacere：（物事が）〜に好まれる。「好きだ」と感じている人は間接目的語で表す。そのため、「私も [きみも]（好きです）」と言うときは Anche a me [te]. となる。他動詞の adorare（大好きだ）、preferire（より好きだ）などを使う場合は Anch'io.（私も）で OK。例：Adoro questo cantante. — Anch'io.（私はこの歌手が大好き。—私も。）

59 Ti è piaciuto?
[ティ・エ・ピヤチュート]
▶ 気に入った？

A : Allora, com'era il film? **Ti è piaciuto?**
B : Mah… come dire… era un film un po' particolare.

　　A : で、どんな映画だった？　気に入った？
　*B : うーん、何て言うか…ちょっと変わった映画だった。

★Ti è piaciuto? の直訳は「（映画は）きみに気に入られたか」。piacere（気に入られる）の近過去の助動詞は essere。

★come dire：何と言ったらよいのか、何と言うべきか（⇒ 26 ）。

★particolare：一風変わった。ネガティブな評価を婉曲に言う場合にも使われる。

CAPITOLO 1

60 Penso di sì.
[ペンソ・ディ・スィ]
▶ そうだと思います。

A: Laura è già partita per il Brasile?
B: **Penso di sì.** Starà già frequentando l'università.

*A: ラウラはもうブラジルに出発したのかな？
B: たぶんね。もう大学に通い始めているんじゃないかな。

★partire per ＋ 定冠詞 ＋ 国名： 〜へ出発する。行き先が都市名の場合は定冠詞が入らない。

★Penso di sì.：（私は）そうだと思う。確信がもう少しあるときは Penso proprio di sì.（まさにそうだと思います）。「私はそうではないと思う」は Penso di no. と言う。pensare（思う）の代わりに credere（信じる）を使っても OK。例： Credo di sì.（そうだと思います。）／ Credo di no.（そうじゃないと思います。）

★frequentare： 通う。現在進行形で sta frequentando と言えば「通っている最中」だが、stare を未来形 starà にすると、現在の事柄に関する推測のニュアンスが加わり、「（彼女は）通っている最中ではないだろうか」となる。

61 Se ci penso...
[セ・チ・ペンソ]
▶ そう言えば…

A: Non so perché Carlo è così cambiato all'improvviso.
B: **Se ci penso**... ultimamente c'era qualcosa di strano nel suo comportamento.

*A: カルロはどうしてあんなに急に人が変わったようになったのかな。
B: そう言えば…最近、彼の行動は何か変なところがあったなあ。

★all'improvviso： 突然。

★se ci penso： そう言えば。直訳は「もし私がそのことに思いを馳せるなら」。

★qualcosa di ＋ 形容詞： 〜な何か。qualcosa（何か）や niente（何も〜ない）といった名詞を修飾するときは、形容詞の前に前置詞 di が必要。

★comportamento： ふるまい、行動。

62 Direi di sì.
[ディレイ・ディ・スィ]
▶ まあそうだと思うよ。

A : Se usciamo alle cinque, facciamo in tempo a prendere il treno?
B : **Direi di sì.** Dovremmo farcela.

*A：5時に出たら、電車に間に合うかな？
B：そうだね。間に合うはずだけど。

★fare in tempo a + 不定詞：〜するのに間に合う。
★Direi di sì. は dire di sì（そうだと肯定する）の条件法現在の形。「おそらく"はい"と言って差し支えないだろう」という気持ちを表す。
★dovremmo：（普通にいけば）私たちは〜するはずだ。dovere の条件法現在。
★farcela：できる、やってのける（⇒ 202 ）。

63 Che ne so...
[ケ・ネ・ソ]
▶ そうだねえ…

A : Francesca non mi risponde più al telefono. Che faccio?
B : Puoi mandarle una mail o, **che ne so,** chiamare un suo amico...

A：フランチェスカがもうぼくの電話に出てくれないんだ。どうしよう。
*B：彼女にメールしてみたら？　あるいは、そうだね…、彼女の友達に電話してみるとか…。

★rispondere：応答する。
★puoi ...：（きみは）〜することができる→〜してもいいんじゃない？　動詞 potere（〜できる）はアドバイスをするときにも使える。
★che ne so：直訳は「私はそれについて何を知っているか」。何と言ったらいいかわからないときに、場つなぎ的に言う言葉。強く突き放したトーンで言うと、「そんなの私の知ったことじゃない！」というニュアンスになる。

CAPITOLO 1

64 Che ne dici?
[ケ・ネ・ディーチ]
▶ どう思う？

A: Allora **che ne dici** di questa borsa? Ne volevi una così, no?
B: Sì. La forma mi piace, e anche il colore. Solo che è un po' cara.

　　A: じゃあ、このバッグはどう？　こんなのがほしかったんだよね？
　*B: まあね。形は好きだな。色もいいね。ただ、値段がちょっと高いのがね…。

★Che ne dici di ...?: 〜についてどう思う？　dici の不定詞は dire（言う）。ne は di 以下の内容を先取りして受ける代名詞。

★una così: こんなふうなもの。borsa（バッグ）を受けて、una（ひとつ）と女性形になっている。

★Solo che ...: ただ、〜ということが難点だ。ネックになっていることを挙げるときに便利な表現。

65 Che vuol dire?
[ケ・ヴゥウォル・ディーレ]
▶ それってどういうこと？

A: Domani non ci saranno servizi di autobus tra l'aeroporto e la stazione centrale.
B: Ma **che vuol dire**, che non ci saranno servizi?

　　A: 明日は空港と中央駅間のバスの便がありません。
　*B: バスの便がないって、それ、どういうことですか?!

★servizio:（バスなどの）運行便。

★voler dire: 〜を意味する。Che vuol dire? (どういう意味ですか?) は単に意味を尋ねるときにも、憤慨して聞き返すときにも使える。vuol は volere の活用形 vuole の最後の e が、言いやすいように落ちた形。

28　CAPITOLO 1

66 Chi lo sa?
[キ・ロ・サ]
▶ さあね。

A: Dopo quella litigata… Anna potrà andare d'accordo con la suocera?
B: Eh… **chi lo sa?**

　A: あんな口げんかのあとで…アンナはお姑さんとうまくやっていけるかな？
*B: うーん…どうだろうね。

★litigata: 口論。
★andare d'accordo con + 人: 〜とうまくやっていく。直前の potrà は potere (〜できる) の未来形。
★suocera: 姑。
★Chi lo sa?: さあね、どうだろうね。「誰がそのことを知っているだろうか (いや、誰も知らない)」という反語表現。

67 Cosa vuoi dire?
[コザ・ヴゥウォイ・ディーレ]
▶ 何が言いたいの？

A: Quando parlo con te, mi vengono tante idee nuove! Sei la fonte della mia ispirazione!
B: E **cosa vuoi dire** con questa frase?

　A: きみと話してると、新しいアイデアがどんどん湧くんだよ！　きみはぼくのインスピレーションの泉だ！
*B: そんな表現を使って、いったい何が言いたいの？

★fonte: 泉、源泉。
★ispirazione: インスピレーション、着想。

68 Vediamo un po'.
［ヴェディヤーモ・ウン・ポ］
▶ どれどれ。

A: Come si accende questa lampada?
B: Allora... **vediamo un po'.** Ma non vedo l'interruttore...

*A: このライトはどうやってつければいいの？
B: えーっと、どれどれ。スイッチが見あたらないなあ…。

★accendere：（明かりや電化製品を）つける。si accende（つけられる）は受け身の si を使った受動態。
★Vediamo un po'.：どれどれ。直訳は「ちょっと見てみよう」。
★interruttore：スイッチ。

69 Non ho idea.
［ノノ・イデーア］
▶ さっぱりわからない。

A: Non sai per caso dove si trova il mio portafoglio? Non lo trovo da stamattina.
B: No, veramente **non ho idea**.

*A: 私の財布、どこにあるか知らないよね？　今朝から見つからないの。
B: いや、ほんとに、見当もつかないよ。

★per caso：ひょっとして。
★trovare：目にする。
★non avere idea：（事情や様子が）さっぱりわからない。

70 È una battuta?
［エ・ウナ・バットゥータ］
▶ 冗談言ってるの？

A: Sei bella più di ogni altra, persino di una marziana...
B: Mah... cos'è? **È una battuta?**

A: きみは美しい…誰よりも、そう、火星人の女性よりも…。
*B: 何それ？　冗談か何か？

★più di ogni altra：ほかのどんな女性よりも。
★persino：〜さえ。marziano（女性形は marziana）は「火星人」。
★battuta：冗談のような言葉；セリフ。Non è una battuta.（冗談ではないんだよ）と言うと、「真剣に言ってるんだよ」という気持ちが伝わる。

71 Come ti capisco!
[コメ・ティ・カピスコ]
▶ わかるわかる！

A: Mi scoccia tanto andare dal vicino di casa per chiedergli di abbassare il volume della musica…
B: **Come ti capisco!** Anch'io odio fare cose del genere.

*A: 近所の人のところに行って、音楽の音量を下げてくださいって頼むの、本当にいやなんだよね…。
B: わかるわかる！　ぼくもそういうのはすごく苦手。

★scocciare: ～をうんざりさせる。この文の主語は、andare から始まる句（音楽の音量を下げてと頼みに近所の人のところに行くこと）。
★Come ti capisco!: きみの言うことをなんと理解できることだろう！　come（どれほど）を使った感嘆文。
★odiare + 不定詞: ～することをとてもいやだと感じる。odiare は「憎む、大嫌いである」という意味の動詞。
★del genere: そのような。

72 Non c'è nessun problema.
[ノン・チェ・ネッスン・プロブレーマ]
▶ 全然問題ないよ。

A: Andrea, avrei un favore da chiederti. Potresti passare dall'ufficio postale e spedire questo pacco?
B: Certo. **Non c'è nessun problema.**

*A: アンドレーア、できたらお願いしたいことがあるんだけど…。郵便局に寄って、この小包を発送してくれないかな？
B: いいよ。全然問題ないよ。

★avere un favore da chiedere a + 人: ～に頼むべきお願いごとがある。avrei は avere の条件法現在、io の活用。「できたらお願いしたいんだけど…」というニュアンス。次の文の potresti も potere の条件法現在、tu の活用で、同様のニュアンスがある。
★Non c'è (nessun) problema.: （まったく）問題ない。形容詞 nessuno（何も～ない）を男性名詞単数形の problema にかける場合、語尾の o を落とす（トロンカメントと呼ばれる現象）。また、nessuno の絶対最上級 nessunissimo（ちっとも～ない）をつけた Non c'è nessunissimo problema. もたまに聞かれる。

73 Non so come ringraziarti.
[ノン・ソ・コメ・リングラッツィヤールティ]
▶ 何とお礼を言ったらいいか。

A : **Non so come ringraziarti!** Se non ci fossi stato tu, mi sarei trovata nei guai.
B : Ma di che cosa? Non ho fatto niente.

　　*A : 本当に何とお礼を言っていいか！　あなたがいなかったら、困ったことになっていたと思う。
　　 B : どういたしまして。ぼくは何もしてないよ。

★non sapere come + 不定詞：どうやって〜すべきかわからない。Non so come ringraziarti. で「私はどうやってきみに感謝したらいいかわからない」。
★se non ci fossi stato tu：もしきみがいなかったとしたら。過去の事実に反する仮定で、接続法大過去が使われている。
★trovarsi nei guai：トラブルに見舞われる、困った状況に置かれる。過去の事実に反する仮定を受けて、条件法過去で mi sarei trovata nei guai (私は困った状況に置かれるところだった) と言っている。
★Di che cosa?：どういたしまして。「何について感謝されるのかわからない、感謝されるようなことをした覚えはないですよ」というニュアンス。

74 Non so che dirti…
[ノン・ソ・ケ・ディールティ]
▶ 何と言ったらいいのか。

A : E così, ha raccolto le sue cose e se n'è andata.
B : Mi dispiace, **non so che dirti**…

　　 A : で、そんな感じで、彼女は荷物をまとめて出て行ってしまったんだ。
　　*B : それはつらかったね、あなたに何と言ってあげたらいいか…。

★raccogliere le proprie cose：自分の荷物をまとめる。raccolto は raccogliere (まとめる) の過去分詞。
★andarsene：出て行く、立ち去る。
★non so che dire：(私は) 何と言っていいかわからない、言葉がない。どうなぐさめていいか、何と助言したらいいかわからないときに使うフレーズ。相手に応じて、Non so che dirti. (きみに何と言ったらいいのか)、Non so che dirle. (あなたにおかけすべき言葉が見つかりません) などと言う。

Capitolo 2
喜怒哀楽 フレーズ

「やったー！」「うんざり」「残念！」など、
自分の感情を言葉に表してみよう。
不満や愚痴も、ときには思い切って
口にして、ストレス発散！

75 Dai!
[ダーイ]
▶ そんなー／さあ／ほら！

A: Oggi non posso uscire con voi. Devo studiare.
B: Ma **dai**! Puoi studiare anche domani, no?

　　A: 今日はみんなと遊びに行けないよ。勉強しなくちゃならないんだ。
　*B: えー、そんなー！　明日勉強すればいいでしょ？

★uscire con + 人：〜と遊びに行く、外出する。恋愛関係において「〜と付き合う」という意味でも用いる（⇒ 370 ）。
★dai は驚きの気持ちや、励まし、促しを表す間投詞。ここでは、「そんな、つれないこと言わないで」というニュアンスで使われている。

76 Però.
[ペロ]
▶ へえ、すごいね。

A: Che cosa leggi? Un romanzo?
B: No, sto leggendo un corso di greco antico.
A: Ah, **però**.

　　A: 何を読んでるの？　小説？
　*B: ううん、古代ギリシャ語の語学書を読んでるの。
　　A: そうなんだ、すごいね。

★接続詞 però（しかし）は、「いやはや、すごいですね」というちょっとした驚きの気持ちを込めて、「へえ、そうなんだ」と言うときにも使われる。この意味の場合、pe の音節を高く発音することが多い。

77 Evviva!
[エッヴィーヴァ]
▶ やったー！

A: Quest'estate faremo un viaggio in Grecia. Ho già prenotato tutto.
B: **Evviva!** Non vedo l'ora!

　　A: この夏、ギリシャ旅行をしよう。もう全部手配してあるよ。
　*B: やった！　楽しみ！

★fare un viaggio：旅行する。faremo は未来形、noi の活用。
★Evviva!：やった、バンザイ！
★non vedere l'ora：楽しみにしている（⇒ 106 ）。

34　CAPITOLO 2

78 Pazienza.
［パッツィエンツァ］
▶ しかたない。

A: Al supermercato non c'era il lievito che volevi.
B: Ah, no? Mi servirebbe proprio adesso... Ma **pazienza**.

　　A：スーパーに、きみに頼まれたイーストはなかったよ。
　*B：なかった？　ちょうど今ほしかったんだけどな…。まあしかたない。

★lievito：イースト。
★mi servirebbe：（できることなら）今使いたいところだけど。servire（役に立つ）の条件法現在。
★名詞 pazienza（忍耐）は、単独で使うと「耐えるしかない、しかたない」を表す。

79 Finalmente!
［フィナルメンテ］
▶ やっとだね！

A: **Finalmente** c'è il sole!
B: Eh sì, **finalmente**! Non ne potevo più di tutta quella pioggia...

　　A：やっと太陽が顔を出した！
　*B：うん、やっとだね！　もう雨ばっかりで、うんざりしたわ。

★finalmente：とうとう、やっと。待ち望んでいたことが起きたときに言う言葉。
★non poterne più di ...：〜に耐えられない。ここでは直説法半過去で、「もう耐えられないところだった」というニュアンスで使われている。
★tutta quella pioggia：あの何日も続いた雨。直訳は「あの雨すべて」。

80 Poverina!
［ポヴェリーナ］
▶ かわいそうに！

A: Da stamattina ho un tremendo mal di testa.
B: **Poverina!** Mi dispiace.

　*A：今朝からひどい頭痛がするの。
　　B：かわいそうに！　それはつらいね。

★avere (un tremendo) mal di testa：（ひどい）頭痛がする。
★Poverina!：かわいそうに！　形容詞 povero（貧しい）は、名詞の前に置かれると意味が「かわいそうな」に変わる。Povera Luisa!（かわいそうなルイーザ！）のように名前とセットで使うか、会話例のように、縮小辞がついた poverino（かわいそうな）を単独で使う。

CAPITOLO 2

81 Ancora?
[アンコーラ]
▶ また？

A: Senti, ho visto una borsa bellissima in un negozio in centro. Ah, quanto mi piacerebbe comprarla!
B: **Ancora?!** Ma questa casa è piena di borse!

　　*A: ねえ、街のお店ですごく素敵なバッグを見かけたの。あー、買いたいなあ！
　　B: また？！　この家、バッグだらけなのに？

★Quanto mi piacerebbe ＋不定詞!: 私はどれほど～してみたいことか。piacere（好まれる）の条件法現在で、「～できたらいいな、～してみたい」を表す。
★Ancora?!: また?!　文脈により、驚き、あきれたニュアンスがこもる。
★pieno di ...: ～でいっぱいの、～だらけの。

82 Oddio!
[オッディーヨ]
▶ 大変！

A: Ma cos'è questo odore di bruciato?
B: **Oddio!** Avevo messo una torta in forno e l'ho lasciata lì per tre ore!

　　A: この煙みたいな臭い、何だろうね？
　　*B: 大変！　ケーキをオーブンに入れたまま、3時間もほったらかしちゃった！

★odore di bruciato: 何かが焼ける煙たい臭い。
★Oddio!: 大変！　何か困ったことに気づいたときに言う表現。類義表現に Mio dio! がある。

83 Accidenti!
[アッチデンティ]
▶ おっと！

A: **Accidenti!** Per poco non sono caduto.
B: Ma cos'era? Un gradino?

　　A: おっと！　あやうくこけるところだった。
　　*B: 何につまずいたの？　段差？

★Accidenti!: なんてこった、おっと。驚いたときの表現。他人の家が予想外に豪華だった、ものすごく美しい人がいた、といったポジティブな驚きでも使われる。
★per poco: わずかな差で。caduto は cadere（転ぶ）の過去分詞。Per poco non sono caduto. で「わずかな差で転ばなかった」、つまり「あやうく転ぶところだった」。

84 Caspita!
[カスピタ]
▶ マジで？

A : Ecco, questa scultura l'ho fatta io vent'anni fa, quando abitavo a Massa Carrara.
B : **Caspita!** L'hai fatta tu? Ma è bellissima!

*A： これなんだけどね、この彫刻は私が20年前に作ったものなの。マッサ・カッラーラに住んでたときにね。
B： マジで？　きみが作ったの？　すばらしい作品じゃん！

★ecco： ほら、これなんですけど。「これから説明したいもの」を紹介する気持ちをこめて発する言葉。
★scultura： 彫刻。Massa Carrara は彫刻などに使われる白い大理石の産地。
★Caspita! は驚きを表す表現で、いい意味でも悪い意味でも使われる。

85 Addirittura?
[アッディリットゥーラ]
▶ そこまで？

A : E non solo ha risposto alla mia lettera ma mi ha anche mandato tutti i libri che ha pubblicato finora.
B : **Addirittura?** Ma che scrittore gentile!

*A： 私の手紙に返事をくれただけじゃなくて、彼がこれまでに出版した本を全部送ってくれたの。
B： そこまでしてくれたの？　親切な作家だね！

★non solo ... ma anche 〜： …だけでなく〜も。
★finora： これまでに。
★Addirittura?： それほどまで？　程度が甚だしいことについて驚きを表すフレーズ。いい意味でも悪い意味でも使われる。

CAPITOLO 2　37

86 Mannaggia!
[マンナッジャ]
▶ まったくもう！

A: **Mannaggia!** Ma quanto zucchero metti!
B: Beh, che male c'è?

*A: えーっ！　どんだけ砂糖入れてるの！
B: え？　別にいいでしょ。

★Mannaggia!: なんてこった！　まったく！　よく使われる同義表現に Mamma mia! がある (⇒ 88)。
★Quanto zucchero metti!: (きみは) どれほどの砂糖を入れていることか。quanto (どれほどの) を使った感嘆文。
★beh: え？；えーっと。be' と表記することもある。
★Che male c'è? は「どんな悪いことがあるのか→いいじゃん、別に」と開き直ったニュアンスの表現。

87 Meno male!
[メーノ・マーレ]
▶ よかった！

A: Oggi quando sono uscita di casa mi sono dimenticata di portare le chiavi. **Meno male** che c'eri tu!
B: Sì, sei stata fortunata. Di solito non sono a casa a quest'ora, ma oggi ho finito il lavoro un po' prima.

*A: 今日出かけるときに鍵を忘れちゃったの。あなたがいてくれて助かった！
B: うん、きみはラッキーだったね。ぼくは普段この時間に家にいることはないけど、今日はいつもより早く仕事が終わったからね。

★dimenticarsi di + 不定詞：～し忘れる。
★Meno male!: よかった、助かった！　meno (より少ない) と male (悪いこと、不幸、災難) が合わさった表現。直訳は「より少ない不幸」。「～でよかった」と具体的に述べるときは che 節を続ける。
★a quest'ora: この時間には。

88 Mamma mia!
[マンマ・ミーヤ]
▶ うわー／まったく！

A: **Mamma mia** com'è affollato quest'autobus!
B: Sì, ma tanto scendiamo subito.

 *A: うわー、このバス混んでるね！
 B: うん、だけど、どうせすぐに降りるから。

★Mamma mia! は驚きを表す表現。会話例のように、直後に感嘆文を伴い、「まったく、なんて～なんだ！」のような表現を作ることができる。例：Mamma mia che caldo!（まったく、なんて暑いんだ！）
★Com'è affollato!: なんと混んでいることか。come（どれほど）を使った感嘆文。
★tanto: どうせ、いずれにしても（⇒ 159 ）。

89 Che coincidenza!
[ケ・コインチデンツァ]
▶ なんて偶然！

A: Io vengo dalla Spagna. Sono di Barcellona.
B: Veramente? Ma **che coincidenza**! Anch'io sono catalano.

 *A: 私はスペインから来ました。バルセロナ出身です。
 B: 本当？ なんて偶然！ ぼくも（バルセロナがある）カタルーニャ地方出身だよ。

★venire da + 定冠詞 + 国名：～出身である、～から来ている。例：Vengo dal Giappone.（日本から来ました。）
★essere di + 都市名：～出身である。例：Di dove sei? — Sono giapponese, di Kyoto.（出身はどこ？―日本の京都出身です。）
★Che coincidenza!: なんという偶然だろう！ che（なんという）を使った感嘆文。

90 Sono stufa.
[ソノ・ストゥーファ]
▶ うんざり。

A: Hai capito bene quello che ho detto?
B: Sì, ma **sono stufa** di sentire sempre la stessa lagna.

 A: ぼくの言ったこと、全部よくわかった？
 *B: わかったけど、もう同じ小言をいつも聞くのはうんざり。

★essere stufo (di + 不定詞)：（～することに）うんざりしている。
★stesso: 同じ。
★lagna: 小言、ぐち。

CAPITOLO 2

91 Ma insomma…
[マ・インソンマ]
▶ もう、何と言うか…

A: Hai sentito? Matteo ha lasciato Francesca e sta con un'altra ragazza!
B: **Ma insomma**… Che gusto ci prova a cambiare partner ogni mese?!

　　A: ねえ聞いた？　マッテーオはフランチェスカを振って、別の女の子と付き合ってるんだって。
　*B: もう、何と言うか…。毎月恋人を変えるってどういう趣味?!

★Hai sentito?: 知ってる？　聞いた？
★lasciare: ～と別れる、～を振る。
★stare con + 人: ～と付き合う。
★insomma（結局のところ）は、あきれた気持ちや諦めを表すときにも使われる。Ma insomma... は、驚きあきれ、やや絶句しているニュアンス。
★Che gusto ci prova a + 不定詞?: (彼は) ～してどんな味を覚えているのか。provare（覚える）の前の ci は「そういう状況において」を表す代名詞。

92 Che invidia!
[ケ・インヴィーディャ]
▶ うらやましい！

A: Ma come hai fatto a diventare così bravo in italiano?
B: Niente, ho seguito le lezioni, ho cercato di parlare il più possibile. Tutto qua.
A: **Che invidia!** Sei proprio portato a imparare le lingue.

　*A: どうやったらそんなにイタリア語が上手になったの？
　　B: 別に。授業に出たり、なるべくたくさん話すようにしたりしただけだよ。
　*A: えー、うらやましい！　語学に向いてるんだね。

★接続詞 ma は、文頭でしばしば話し始めの勢いづけに用いられる。その場合、「しかし」という逆説の意味はなく、「それにしても」といったニュアンス。
★cercare di + 不定詞: ～しようと努める。
★il più possibile: できる限りたくさん。
★Tutto qua.: それだけのことです (⇒ 40)。
★Che invidia!: なんというううらやましさだろう！ "che + 名詞" の感嘆文。
★essere portato a + 不定詞: ～することに向いている、～する才能がある。語学や学習の適性について使うことが多い。

93 Beati voi!
[ベアーティ・ヴォーイ]
▶ いいなあ！

A: Sai, quest'estate andremo in vacanza in Brasile.
B: Ma che bello! **Beati voi!**

*A: あのね、この夏私たち、バカンスでブラジルへ行くことにしたの。
B: それは素敵だね。いいなあ！

★andare in vacanza: バカンスに行く。andremo は andare の未来形。
★Che bello!: なんと素敵なことだろう。"che + 形容詞"の感嘆文。
★beato: 幸運な、恵まれた。Beato [Beata] te! / Beati [Beate] voi! / Beati [Beate] loro! で、「きみ／きみたち／彼ら [彼女たち] はいいなあ、うらやましいなあ！」。

94 Che noia…
[ケ・ノイヤ]
▶ 退屈だなあ…。

A: **Che noia** questo film… I personaggi sono troppo fermi… non c'è movimento.
B: Sì, anch'io mi sto annoiando.

*A: この映画、退屈だなあ…。登場人物はじっとしたままだし…動きはないし。
B: そうだね。ぼくも退屈だよ。

★noia: 退屈さ。動詞は annoiarsi (退屈する)。
★fermo: じっとした、動かない。

95 Che peccato!
[ケ・ペッカート]
▶ 残念！

A: Volevo vedere la mostra, ma pare che sia già finita. **Che peccato!**
B: Però dai, ci saranno altre occasioni.

*A: その展覧会を見たかったんだけど、もう終わってるみたい。残念！
B: でもほら、また機会があるだろうし。

★Che peccato!: なんて残念！ 単に Peccato! (残念！) と言っても OK。
★altre occasioni: また別の機会。

CAPITOLO 2

96 Mi dispiace.
[ミ・ディスピヤーチェ]
▶ それはお気の毒に。

A : Stasera non posso uscire. Mia madre non sta bene e voglio stare con lei.
B : **Mi dispiace**… Spero che si rimetta presto.

> A : 今晩は遊びに行けないよ。うちの母さんの調子がよくなくて、一緒にいてあげたいんだ。
> *B : それはお気の毒に…。早くよくなるといいね。

★Mi dispiace.: 残念です、気の毒です；申し訳ありません、すみません。不定詞は dispiacere ((〜にとって) 残念である)。同義の表現に Mi spiace. がある。両方とも、カジュアルな場面でも改まった場面でも使える。

★sperare che …: …が〜することを願う、望む。

★rimettersi: 回復する。si rimetta は接続法現在、lei の活用。

97 Che pizza!
[ケ・ピッツァ]
▶ うんざり！

A : Poi apri questa cartella, installa questo programma…
B : **Che pizza!** Odio queste cose da computer.

> A : で、このフォルダを開いて、このプログラムをインストールするんだよ。
> *B : もううんざり！ コンピュータのこういうこと、大嫌いなんだよね。

★aprire: 開ける、開く。apri は tu に対する命令法。

★cartella: フォルダ。

★installare: インストールする。installa は tu に対する命令法。

★Che pizza! の pizza は「うんざりさせる物事、うっとうしい物事」の意。「うんざりしていること」を表す関連表現に、essere scocciato (うんざりしている)、再帰動詞 scocciarsi (うんざりする) などがある。例： Mi sono scocciata. (私はうんざりしている。)

★odiare: 憎む、大嫌いである。

CAPITOLO 2

98 Sei fortunato.
[セイ・フォルトゥナート]
▶ ラッキーだね。

A : Fino a ieri non avevamo nessun posto libero, ma sembra che qualcuno abbia disdetto. **Sei** proprio **fortunato**.
B : Sì, che fortuna!

*A: 昨日までは空席が全然なかったんですけど、誰かがキャンセルしたみたいです。本当にラッキーですね。
 B: そう、本当についてるなあ！

★sembra che ＋ 接続法過去：〜したようだ。

★disdire：キャンセルする。

★essere fortunato：ラッキーである、ついている。名詞 fortuna（幸運）を使った感嘆文 Che fortuna!（なんてラッキー！）もよく使われる。

99 Che sollievo!
[ケ・ソッリエーヴォ]
▶ ほっとした！

A : Finalmente se ne sono andati! **Che sollievo!**
B : Sì! Non ne potevo più dei loro atteggiamenti arroganti.

*A: やっと帰ってくれたね！　ほっとした！
 B: そうだね！　あいつらの横柄な態度にはもう我慢ならないところだった。

★finalmente：やっと（⇒ 79 ）。

★andarsene：立ち去る、帰る。

★Che sollievo!：よかった、ほっとした！　sollievo は名詞で、緊張が解けたり危険が回避できたときの安堵を表す。

★Non ne potevo più di ...：〜に我慢ならないところだった（⇒ 79 ）。atteggiamento は「態度」、arrogante は「横柄な」の意。

CAPITOLO 2

100 Fa schifo!
［ファ・スキーフォ］
▶ くだらない／気持ち悪い！

A: Hai visto quel film di grande successo, no? Com'era?
B: Mah... quel film **fa schifo!** Come può piacere alla gente un film del genere?

　A：大ヒット作のあの映画を見たんでしょ？　どうだった？
*B：あんな映画、くだらないよ！　あんな映画が受けるなんて、ありえない！

★di grande successo：大ヒットを収めている。

★fare schifo：くだらない、気持ち悪い、最悪の出来である。何か気持ち悪い、むかつくような、くだらないもののことを schifo と言う。感嘆文 Che schifo!（なんてくだらない、なんて気持ち悪い！）もよく使われる。

★Come può piacere alla gente ...?：〜はどうやったら人々に気に入られるのか。つまり「気に入られるなんて、ありえない！」というニュアンス。del genere は「あんなふうな」。

101 Che assurdità!
［ケ・アッスゥルディタ］
▶ ばかばかしい！

A: Il direttore mi dice che devo preparare qualcosa di più presentabile.
B: **Che assurdità!** Eccome se è presentabile quello che hai fatto! Io so bene quanto ci hai lavorato.

　A：部長は、もっとまともなものを用意してこい、って言うんだ。
*B：そんなのばかげてる！　あなたが作ったものがまともでないなんてありえない！　あなたがどれほど準備したか、私はちゃんと知ってるからね。

★qualcosa di più presentabile：もっとまともな何か。presentabile は「人様に見せても恥ずかしくない、見栄えのよい」という意味の形容詞。

★assurdità：ばかばかしいこと。形容詞 assurdo（ばかばかしい）を使った、Ma questo è assurdo!（こんなことってない！）という言い方もある。

★Eccome se è presentabile ...! は、se è presentabile（まともかどうかだって？）と eccome（もちろんそうだよ！）を組み合わせた表現。

★quanto ci hai lavorato：（きみが）どれほどそのことに関して働いたか。ci はいろいろなタイプの「前置詞 + 名詞」を受ける代名詞。ここでは con questa cosa（このことに関して）というような意味で使われている。

102 Ora basta.
[オーラ・バスタ]
▶ もうたくさん／もううんざり。

A: Il direttore mi tratta male, i miei colleghi mi prendono in giro... Ma **ora basta.** Non vado più al lavoro.
B: Guarda, io ti appoggio in tutti i modi possibili.

*A: 部長には意地悪されるし、同僚たちにはばかにされるし…。もううんざり。もう仕事には行かない。
B: ぼくはきみをあらゆる方法で支えるからね。

★trattare male: 意地悪する。
★prendere in giro: からかう、ばかにする (⇒ 273)。
★Ora basta.: 今となってはもうたくさんだ。動詞 bastare（十分である）を使った表現で、「もういい加減にして、もううんざり」というニュアンスが漂う。Basta. と単独でも使えるが、ora をつけると「今まで耐えてきたが」という感じが出る。
★appoggiare: 支える。

103 Mi vergogno...
[ミ・ヴェルゴンニョ]
▶ 恥ずかしいなあ…。

A: Devo proprio recitare in questo costume? Ma **mi vergogno**...
B: Ma come ti vergogni? È un costume bellissimo e soprattutto ti sta bene!

A: どうしてもこの衣装で芝居しなきゃだめ？　なんか恥ずかしいなあ…。
*B: 恥ずかしいことなんかないよ！　とってもきれいな衣装だし、それによく似合ってるから！

★Devo proprio ...?: (私は) どうしても〜しなければだめ？
★Mi vergogno.: (私は) 恥ずかしいです。不定詞は vergognarsi (恥ずかしく思う)。名詞 vergogna (恥) を使った感嘆文 Che vergogna! は、「自分が恥ずかしい」ときと、第三者の醜態を指摘して「なんて恥さらしだ！」と言うときの両方に使える。
★Ma come ti vergogni? のように、"come + 相手の発言 (ただし主語は状況に合わせて変える)?"で、「〜だなんて、なんでそんなこと言うの？　そんなことないよ！」という気持ちが表せる。
★stare bene a + 人: 〜に似合う(⇒ 294)。

CAPITOLO 2　45

104 Che testarda!
[ケ・テスタールダ]
▶ 頑固だなあ！

A : No, no e no. Se ti dico di no, è "no".
B : Ma **che testarda** che sei…

　　*A：だめって言ったらだめ。だめと言ってるんだから、だめなのよ。
　　 B：きみはなんて頑固なんだ…。

★No, no e no.：絶対ノーだ。
★testardo：頑固な。Che testardo!（なんて頑固なんだ！）だけでも使えるが、会話例のように che sei（きみは～であることか）と続けると、「まったく、きみってば…」というニュアンスが出る。

105 Che faccia tosta!
[ケ・ファッチャ・トスタ]
▶ 図々しい！

A : E lui, dicendo che non ha ancora ricevuto niente, ne ha preso un altro.
B : Ma **che faccia tosta!**

　　*A：で、彼はまだひとつも受け取ってないとか言って、もう１個持っていったの。
　　 B：それは図々しいな！

★ne ha preso un altro：（彼は）それをもうひとつ取った。
★Che faccia tosta!：なんて図々しい、なんて厚かましい！ faccia tosta（固い顔）で「厚かましさ」という意味になる。

106 Non vedo l'ora!
[ノン・ヴェード・ローラ]
▶ 楽しみだなあ！

A : Quindi la prossima settimana andate a Venezia?
B : Sì! **Non vedo l'ora.**

　　 A：じゃあ、きみたちは来週ヴェネツィアに行くの？
　　*B：そうなの！　楽しみだなあ！

★non vedere l'ora：楽しみにしている、待ちきれない。「～するのを」とつけ加えるときは "di + 不定詞" で表す。例：Non vedo l'ora di vederti!（きみに会うのが楽しみ！）

46　CAPITOLO 2

107 Ma pensa te!
[マ・ペンサ・テ]
▶ それは驚きだ！

A: I nipoti hanno ereditato tantissimi soldi dal nonno ma li hanno donati tutti a un istituto.
B: **Ma pensa te!** Che generosità!

　A：孫たちは祖父から大金を相続したんだけど、全部ある施設に寄付したんだ。
*B：そんなことってあるんだね！　なんて気前がいいんでしょう！

★ereditare：相続する。

★donare：寄付する。

★Ma pensa te!：直訳は「だけどあなた考えてみて！」だが、相手の話に対する驚きを表す。te はここでは主語の代名詞。口語では tu の代わりに te を使うことがよくある。

108 È una seccatura.
[エ・ウナ・セッカトゥーラ]
▶ うんざり。

A: Sei sicura di aver salvato il file? Non lo trovo da nessuna parte...
B: Ma se non lo trovi, vuol dire che non l'ho salvato, e così mi tocca riscrivere tutto. **È una vera seccatura!**

　A：本当にファイルを保存した？　どこにも見つからないんだけど…。
*B：見つからないんだったら、私が保存し忘れたってことだね。ってことは、全部書き直さなきゃ。本当にうんざりする！

★essere sicuro di aver [essere] + 過去分詞：〜した確信がある。salvare は「保存する」。

★da nessuna parte：どこにも（〜ない）。parte はここでは「場所」、前置詞 da は「〜のところで」を意味する。

★vuol dire che ...：〜ということだ（⇒ 65 ）。

★mi tocca (di) + 不定詞：私は〜しなければならないはめになる。toccare は「（義務などが）（人に）生じる」の意。

★seccatura：うんざりさせるようなこと。関連語として、形容詞 seccato（うんざりした）、名詞 seccatore（うんざりさせる人）も覚えておこう。例：Sembrava proprio seccato.（彼はまさにうんざりしているようだった。）／ È un vero seccatore.（彼には本当にうんざりする。）

CAPITOLO 2　47

109 Questo è troppo.
[クゥウェスト・エ・トロッポ]
▶ あんまりだ。

A: Io ho fatto tante cose per te e vieni a dirmi che non ti ho aiutato abbastanza? Ma **questo è troppo.**
B: Ma dai, stavo solo dicendo che forse mi avresti potuto aiutare un po' di più.

*A: 私はあなたのためにいろいろしたのに、助けが足りなかったって言うの？ そんなのあんまりよ。
 B: いや、ほら、ぼくのこともう少し助けてくれてもよかったんじゃないかな、って言ってるだけだってば。

★Questo è troppo.: あんまりだ、ひどすぎる。「もう許さない、もう知らない」という怒りがこもったフレーズ。

★avresti potuto ...: きみは〜できたかもしれない。過去の事実と反することを示す条件法過去が使われている。

110 Peggio di così...
[ペッジョ・ディ・コズィ]
▶ もう最悪…。

A: E ti hanno licenziato per così poco?
B: Sì. E pensare che abbiamo appena avuto un bambino... **Peggio di così**...

*A: それで、全然たいした理由もないのにくびになったの？
 B: そうなんだ。子どもが生まれたばかりだっていうのに。もう最悪だよ…。

★licenziare: 〜をくびにする、解雇する。主語を曖昧にする三人称複数を用いることで、受け身的なニュアンスが出る。

★per così poco: こんなにわずかなことのために、全然たいした理由もないのに。

★E pensare che ...: 〜だというのに。不定詞の pensare は「考えてもみて」という命令のニュアンスを持っている。「〜だということを考えてもみてよ」という、困った状況を伝える表現。

★avere un bambino は近過去にすると「子どもが生まれた」ことを表す。

★peggio di così は peggio（より悪い）＋ di così（この状態よりも）で、「これより悪い状態は考えられない」というニュアンス。

48　CAPITOLO 2

111 Che bella sorpresa!
［ケ・ベッラ・ソルプレーザ］
▶ 素敵なサプライズだね！

A : Stiamo organizzando una festa per Giovanna, ma non le abbiamo detto niente.
B : Ma **che bella sorpresa!**

*A：私たち、ジョヴァンナのためにパーティーを準備してるんだけど、本人には内緒なの。
 B：それは素敵なサプライズだね！

★organizzare：企画・準備する。

★sorpresa：驚き。感嘆文にして、Che sorpresa!（驚いた！）や Che bella sorpresa!（なんて素敵なサプライズ！）などの形でよく使う。

112 Chi si vede!
［キ・スィ・ヴェーデ］
▶ こんなところで会うなんて！

A : Ma guarda **chi si vede!** Sei già tornato dall'India?
B : Sì, sono appena rientrato. Senti, ho tantissime cose da raccontarti.

*A：誰かと思ったらあなただったの！　もうインドから帰ってきたの？
 B：そう、帰国したばかりだよ。あのね、話したいことがもういっぱいあってね。

★guarda：なんと！　直訳は「見よ」だが、驚きを表す。

★Chi si vede!：誰が目の前にいることだろう！　思わぬ人に会ったときに使う表現。ここでの si は受け身を表し、直訳は「誰が見られることだろうか」。

★rientrare：戻る。appena は「〜したばかり」の意。

113 Aspetto con ansia.
［アスペット・コナンスィヤ］
▶ 楽しみに待っています。

A : Hai sentito? Milena farà un concerto a Roma.
B : Sì, ho già comprato il biglietto. **Aspetto con ansia** il giorno del concerto.

 A：ねえ聞いた？　ミレーナがローマでコンサートをするんだって。
*B：うん、私もうチケットを買ったんだ。コンサートの日が楽しみだなあ。

★ansia は「どきどきしていること、不安」を表す語で、con ansia は「心配しながら」という意味を表すこともあるが、aspettare con ansia の場合は「（どきどきしながら）今か今かと楽しみに待つ」というニュアンス。

CAPITOLO 2　49

114 Meglio di così...
[メッリョ・ディ・コズィ]
▶ 最高です。

A: Hanno accettato la nostra proposta, poi Giovanna ha detto che possiamo contare sul suo aiuto. Insomma, tutto sembra andar bene, no?
B: Sì, **meglio di così**...

*A: 私たちの提案は受け入れられたし、ジョヴァンナはできることがあったら言ってね、って言ってくれてるし。これなら、全部うまくいきそうだね。
B: うん、最高の状況だね。

★contare su ...: 〜を当てにする。

★insomma: 状況を総合的に考えて、結局、要するに。

★meglio di così: 「これ以上よい（ということはない）」、つまり「最高だ、完璧だ」を表す。Non potrebbe andare meglio di così.（これ以上うまくいくことはないだろう）という文の前半を省略した表現。

115 Quanto sei ingenuo!
[クゥワント・セイ・インジェーヌゥウォ]
▶ 世間知らずだね！

A: All'aeroporto ho incontrato un signore, era disperato perché gli avevano rubato il portafoglio, e allora gli ho prestato io un po' di soldi.
B: Ma **quanto sei ingenuo**! Ma come fai a crederci?!

A: 空港で、途方に暮れている男性に会ってね。財布をとられたんだって。それでぼくが少しお金を貸してあげたんだよ。
*B: あなた、どんだけ世間知らずなの！ なんでそんなこと信じるの！

★essere disperato: 途方に暮れる。

★ingenuo: 無垢の、純粋な、世間知らずの。Quanto sei ingenuo!（どれだけ世間知らずなんだか！）は、quanto（どれほど）を使った感嘆文。

★Come fai a + 不定詞?: どうやったら〜できるの？→〜するなんてありえない！

116 Senti chi parla!
［センティ・キ・パルラ］
▶ よく言うよ！

A：Di nuovo in ritardo? Ma quando mai arrivi in tempo?
B：Ma **senti chi parla!** L'altra volta sei stata tu ad arrivare con due ore di ritardo!

*A：また遅刻？　いつになったら時間通りに来るの？
B：よく言うよ！　この前２時間遅れて来たのはきみのほうだったじゃないか！

★di nuovo：また、再び。
★quando mai：いったいいつになったら。疑問詞につく mai（いったい）は強調のニュアンスを与える。
★Senti chi parla!：直訳は「誰が話しているかを聞け！」。「そっちこそ、〜なくせに！よく言うよ！」という気持ちがこもったフレーズ。
★l'altra volta：この前、前回。
★sei stata tu a + 不定詞：〜したのはきみのほうだった。

117 Che c'entri tu?
［ケ・チェントリ・トゥ］
▶ 関係ないでしょ！

A：Secondo me dovresti chiedere scusa a Barbara. Anche se non avevi intenzione di ferirla, comunque resta il fatto che…
B：Ma **che c'entri tu?** Sta' zitto!

A：ぼくに言わせれば、きみはバルバラに謝ったほうがいいだろうね。彼女を傷つけるつもりはなかったといっても、実際には…。
*B：あなたに関係ないでしょ！　だまってて！

★chiedere scusa a + 人：〜に謝る。
★anche se …：〜であるにせよ。
★avere intenzione di + 不定詞：意図的に〜する。ferirla（彼女を傷つける）は ferire（傷つける）+ la（彼女を）。
★resta il fatto che …：〜という事実は残る、実際のところ〜だ。
★entrarci：関係がある。Che c'entro io?（私に何の関係がある？→私には関係ない）、Che c'entri tu?（きみには関係ない）、Io non c'entro.（私には関係ない）などの形で使われる。「(きみには) 関係ないでしょ！」と言われて、「いや、そんなことない、私に大いに関係ある！」と抗議するときは、c'entro（私は関係がある）のあとに eccome（大いに）などを続ける。

CAPITOLO 2　51

118 Anche l'altra volta.
[アンケ・ラルトラ・ヴォルタ]
▶ この前だってそうだ。

A: Perché non vuoi parlare con Marcello? È molto simpatico, no?
B: Simpatico?! Ma assolutamente no! **Anche l'altra volta** mi ha detto cose molto sgradevoli.

   A: なんでマルチェッロと話そうとしないの？　いいやつじゃん？
   *B: いいやつ?!　そんなことない！　この前もすごく失礼なこと言われたんだから！

★simpatico: 感じのいい。対義語は antipatico（感じの悪い）。

★anche l'altra volta: この前も。この表現に導かれる内容は、不快なことや困ったことなど、ネガティブなことが多い。

★sgradevole: いやな、不快な。

119 Come sei spiritoso...
[コメ・セイ・スピリトーゾ]
▶ またそんな冗談言って…。

A: Allora, come andiamo a Firenze? Ci andiamo a cavallo?
B: Ma **come sei spiritoso**...

   A: で、フィレンツェにはどうやって行こうか。馬に乗って行く？
   *B: またそんな冗談言って…。

★ci andiamo: （私たちは）そこに行く。ci（そこに）は a Firenze（フィレンツェに）を受けている。

★a cavallo: 馬に乗って。

★spiritoso: 冗談が好きな、ユーモアがある。しばしば皮肉やあきれた感じをこめて、Spiritoso!（またそんな冗談を！；相手が女性であれば Spiritosa!）、Come sei spiritoso!（きみってユーモアがあること！）などと使われる。

52　CAPITOLO 2

120 Sono contenta per te.
[ソノ・コンテンタ・ペル・テ]
▶ よかったね。

A : Senti, ho una bella notizia! Mi hanno assunto a tempo indeterminato!
B : Bravo Emanuele, complimenti! **Sono contenta per te.**

　A：あのね、いいニュースがあるんだ。無期雇用で採用されたよ！
＊B：すごいね、エマヌエーレ、おめでとう！　よかったね！

★assumere：（人を）採用する。hanno assunto と三人称複数形を用いることで、主語が曖昧になり、「採用された」と受け身的なニュアンスが出る。

★a tempo indeterminato：無期雇用で。「有期雇用で」なら a tempo determinato。

★bravo は人をほめて「すごいね、すばらしいね、よかったね」と言うときにも使われる。complimenti は「おめでとう」と祝福する表現だが、「よかったね」というニュアンスでも使える。そのほか、物事がうまくいったときには Bene!（それはいいね、よかったね）も便利。

★Sono contenta per te.：よかったね。直訳は「あなたのために私はうれしい→あなたによいことがあって私はうれしい」。英語の I'm happy for you. に似ている。

121 Non ci posso credere!
[ノン・チ・ポッソ・クレーデレ]
▶ 信じられない！

A : Ma questo giovanotto qui nella foto è quel monello di Alessandro?! Ma **non ci posso credere!**
B : Eh sì. È cresciuto ed è diventato un bellissimo ragazzo.

＊A：この写真の若者が、あの悪ガキのアレッサンドロなの?!　もう信じられない！
　B：そうだね。成長して、こんな立派な青年になったんだよ。

★giovanotto：若者。giovane に拡大辞 –otto がついた形で、「がっしり」として「自分のふるまいに自信がある」感じが加わる。

★questo ... qui：この〜。qui（または qua）は questo を強調するために、口語でよくつけ足される。

★monello：いたずらっ子、悪ガキ。直後の di は同格を表す。

★Non ci posso credere.：（私は）そのことを信じられない。credere a ...（〜を信じる）と言うことから、「そのことを」は "a + 物事" を受ける代名詞 ci で表す。「信じられない！」は形容詞を使って Incredibile! とも言える。

122 Ce l'hai con me?
[チェ・ライ・コン・メ]
▶ 私のこと怒ってる？

A : Amore, ma cos'hai? **Ce l'hai con me?**
B : No, no, non ce l'ho con te. Sono solo un po' nervosa.

　　A : ねえ、いったいどうしたの？　ぼくに腹を立ててるの？
　*B : ううん、あなたのことを怒ってるわけじゃないの。少しいらしてるだけ。

★amore：恋人、配偶者、子どもに呼びかける表現。もともとの意味は「愛」。

★avercela con ...：～に腹を立てている。avercela の cela は "ci + la" だが、特に意味を持たない、熟語の構成要素。

★essere nervoso：いらいらしている。

123 Mi ha fatto impressione.
[ミヤ・ファット・インプレッスィヨーネ]
▶ びっくりした。

A : Matteo è appena rientrato dagli Stati Uniti. L'hai visto?
B : Sì, mamma mia com'è ridotto! **Mi ha fatto impressione.**

　　A : アメリカから帰ったばかりのマッテーオを見た？
　*B : 見たよ。あんなにやつれて！　もう、びっくりした。

★è appena rientrato：帰国したばかりである。

★essere ridotto：やつれている。ここでは、come（どれほど）がついた形で感嘆文になっている。

★fare impressione a + 人：～に強い印象を残す；～を驚かせる。

54　CAPITOLO 2

124 Mi viene da piangere.
［ミ・ヴィエネ・ダ・ピヤンジェレ］
▶ 泣きたい気分だ。

A: Quindi il professore ti ha detto che per la tesi devi ripartire da zero?
B: Sì, proprio così. **Mi viene da piangere.**

　　A：じゃあ先生は、論文を初めからやり直さないといけないって言ったの？
＊**B**：うん、まさにそう。もう泣きたい気分だわ。

★tesi：論文。

★ripartire da zero：最初からやり直す。

★proprio così：まさにその通り。

★Mi viene da piangere.：（私は）泣きたい気分だ。piangere（泣く）を ridere（笑う）に置き換えた表現 Mi viene da ridere.（もう笑いたい気分だ）もよく使われる。

125 Non abbiamo avuto fortuna.
［ノナッビヤーモ・アヴゥート・フォルトゥーナ］
▶ ついてなかった。

A: Allora, com'è andato il viaggio in Inghilterra?
B: Benissimo. Ci siamo divertiti un sacco. Solo che **non abbiamo avuto fortuna** con il tempo.

＊**A**：で、イギリス旅行はどうだった？
　　B：すごくよかったよ。ものすごく楽しめた。ただ、天気には恵まれなかったな。

★divertirsi un sacco：ものすごく楽しむ。un sacco（すっごく）は molto（とても）などの同義語だが、よりカジュアルな表現。

★Solo che ...：ただ、〜なんです（⇒ 64 ）。

★avere fortuna：ついている、恵まれる。具体的に「〜する幸運に恵まれた」と言う場合は、定冠詞をつけて、Ho avuto la fortuna di conoscere Lucio Dalla.（ルーチョ・ダッラと知り合うチャンスに恵まれた）のように表す。

CAPITOLO 2　55

126 È una situazione allucinante.
[エ・ウナ・スィトゥワッツィヨーネ・アッルゥチナンテ]
▶ あきれた状況だ。

A : Allora prima il tuo capo diceva "sì, sì, va bene" e adesso che hai cominciato tutto dice che non va bene?
B : Sì. È una situazione allucinante.

A : じゃあ、きみの上司は、最初は「いいよいいよ、OK だから」って言ってたのに、いろいろきみが取りかかりだした今になって、だめだって言うの？
*B : そうなの。もうあきれた状況だわ。

★capo: 上司。英語の boss も使われる。

★adesso che ...: 〜な今、〜な今になって。

★allucinante: ひどい、あきれるような。原義は「幻覚のような」。この形容詞を単独で用いて、「それはひどいね」というコメントを伝えることもできる。

127 Non ne posso più!
[ノン・ネ・ポッソ・ピィウ]
▶ もううんざり！

A : Uffa! Questa riunione non ha fine!
B : Sì! Stanno parlando dello stesso problema già da due ore. **Non ne posso più!**

*A : ああもう！　この会議、終わる気配がないね！
　B : そう！　同じ問題についてもう２時間も話してるよ。もううんざり！

★Uffa!: ああいやだ、もうたまらない。

★non avere fine: 終わりがない。

★non poterne più: もううんざりしている、耐えられない思いである (⇒ 79)。直後に "di + 不定詞" を続けて「〜することにもはや耐えられない」と言うこともできる。

56　CAPITOLO 2

128 Chi credi di essere?!
[キ・クレーディ・ディ・エッセレ]
▶ 何様のつもり?!

A: Non so se accetterò la tua proposta. Comunque non ho tempo adesso, prova a tornare quando sarò più tranquilla.
B: Ma **chi credi di essere?!**

*A: あなたのオファーを受けるかわかんない。いずれにしても今は時間ないから、もっと私が落ち着いてからまた来てくれる？
B: いったい何様のつもり?!

★accettare: 受け入れる。proposta は「提案、オファー」。
★provare a ＋ 不定詞: 試しに〜する。prova は tu に対する命令法。
★credere di essere ...: 自分が〜であると思う。Chi credi di essere? で、「きみは自分を誰だと思っているのか」。

129 Ci mancava solo questo!
[チ・マンカーヴァ・ソロ・クゥウェスト]
▶ ふんだりけったりだ。

A: Ecco, **ci mancava solo questo!**
B: Ma cos'è successo? Macchina in panne?

A: やれやれ、こんなことになるなんて！
*B: いったいどうしたの？　車の故障？

★ecco: ほらね、やっぱり。
★Ci mancava solo questo. は「これだけが欠けていた→最悪な一日が完成するのに、これだけが欠けていた」。いやなこと、困ったことが起こったときに言う表現。
★succedere: 起きる。Cosa è successo?（何が起きた）を縮めると Cos'è successo? となる。
★in panne: 故障している。

CAPITOLO 2　57

130 Mi ha fatto piacere rivederti.
[ミヤ・ファット・ピヤチェーレ・リヴェデールティ]
▶ 再会できてうれしかったです。

A : **Mi ha fatto piacere rivederti.**
B : Anche a me. Allora ci vediamo presto.

> *A : また会えてうれしかった。
> B : ぼくも。じゃあ、また近いうちにね。

★mi ha fatto piacere + 不定詞：〜することは私に喜びを与えた→〜できてうれしかった。この近過去のフレーズは、再会した友人・知人に別れのあいさつをするタイミングで使う。

★anche a me: 私も (⇒ 58)。

131 Perché non me l'hai detto prima?
[ペルケ・ノン・メ・ライ・デット・プリーマ]
▶ なんでもっと早く言わなかったの？

A : Sì... alla festa... c'era anche Antonio...
B : Ma **perché non me l'hai detto prima?**

> *A : うん…パーティーには…アントニオもいた…。
> B : なんで今までそれを黙ってたの？

★non me l'hai detto: きみは私にそれ (=そのこと) を言わなかった。dirmelo (私にそれを言う) の近過去の否定文。

★prima: もっと前に、あらかじめ。

58　CAPITOLO 2

Capitolo 3
意見・主張 フレーズ

自分の考えを述べて自己主張するのは、
とても大切なこと。
意見や感想、評価などを伝える表現を身につけよう。

132 Dipende.
[ディペンデ]
▶ 場合による。

A: Quanto tempo ci vuole ancora?
B: Mah, **dipende** da quanto traffico c'è.

　*A: あとどれくらい時間がかかるかな？
　 B: うーん、道がどれくらい混んでるかによるな。

★volerci: （時間・ものなどが）必要である。現在形では "ci vuole + 名詞の単数形"、"ci vogliono + 名詞の複数形" と表す。

★dipendere da ...: 〜による、〜次第だ。da 以下を明示せず、Dipende.（時と場合による）と言うことも多い。

★traffico: 交通量（の多さ）。

133 Fuochino!
[フゥウォキーノ]
▶ おしい！

A: Secondo me la risposta esatta è: "Via col vento".
B: **Fuochino!** Sei molto vicina ma non è la risposta esatta.

　*A: 私の考えでは、正解は「風とともに去りぬ」だと思います。
　 B: おしい！　とても近いけど、でも正解ではありません。

★risposta esatta: 正答。

★via: その場から去ることを表す副詞。

★col は con il がつながった形。con と定冠詞は必ずしも結合させなくてよいが、"con + il" の結合形 col は口語でもよく使われる。

★Fuochino!: おしい！　原義は「小さな火」。クイズなどで、相手が正解に近いことを言ったときに使う。正解した場合は Fuoco!（火）、反対に、正解から遠い場合は Acqua!（水）と言う。

134 secondo me
[セコンド・メ]
▶ 私の考えでは

A : Hai sentito? Luca ha lasciato la sua ragazza!
B : **Secondo me,** ha fatto bene. Non andava tanto d'accordo con lei.

*A : ねえ聞いた？　ルーカが彼女と別れたって！
B : ぼくに言わせれば、そうして正解だと思うよ。彼女とあんまりうまくいってなかったからね。

★lasciare：〜と別れる、〜を振る（⇒ 371 ）。
★secondo …：〜の考えによれば。人称に応じて secondo te [lei / voi] のように使う。
★fare bene (a + 不定詞)：（〜して）正解である、正しい選択をする（⇒ 146 ）。
★andare d'accordo con + 人：〜と仲違いせずにうまくいく。andava は andare の直説法半過去。

135 Buona idea!
[ブゥウォナ・イデーア]
▶ いい考えだね！

A : Che ne dici di andare al ristorante dove siamo stati due settimane fa?
B : **Buona idea!** Lì si mangia molto bene!

A : 2週間前に行ったレストランに行くのはどうかな？
*B : いい考えだね！　あそこ、とってもおいしいしね！

★Che ne dici di + 不定詞?：〜するのを（きみは）どう思う？
★siamo stati：（私たちは）いた、行った。essere の近過去。
★Buona idea!：いい考えだね。文法書には「母音始まりの女性名詞単数形の前では、buono（よい）は buon' という形になる」と書かれていることもあるが、buona のままで OK。同様の表現に、Ottima idea!（とってもいい考えだね！）などがある。
★si mangia molto bene の si は非人称で「人一般」を表す。「一般的に人はとてもおいしく食事する」、つまり「そのレストランはとてもおいしい」。

CAPITOLO 3

136 Facciamo che...
[ファッチャーモ・ケ]
▶ (〜と) 仮定してみよう。

A : Per andare al museo, è meglio prendere i mezzi pubblici.
B : Allora **facciamo che** prendo l'autobus. Ma quale mi conviene?

*A : 美術館に行くには、公共の交通機関を使ったほうがいいよ。
 B : じゃあ、バスに乗るとするよね。どのバスに乗るのが便利かな？

★mezzi pubblici: 公共交通機関。mezzi は「手段」の意。
★facciamo che ...: 〜と仮定してみよう、仮に〜としよう。直訳は「〜としてみよう」。
★mi conviene: 私にとって便利だ。不定詞は convenire (便利である；⇒ 156)。

137 È orribile.
[エ・オッリービレ]
▶ ひどい。

A : Allora, ti piace questa borsa?
B : Boh. La forma è accettabile, ma il colore **è orribile**...

 A : で、このバッグは好き？
*B : うーん。形はまあまあだけど、色がひどいね。

★boh: うーん、どうかなあ。「いまいちよくわからない」という気持ちが入った間投詞。発音は「ボ」だが、「ブゥ」のように言われることも多い。
★accettabile: まあまあの、許容範囲内の。
★orribile: ひどい。È una situazione orribile. (ひどい状況だ) などと使われる。

138 Così così.
[コズィ・コズィ]
▶ いまいちだ。

A : Com'era il ristorante? Si mangia bene?
B : Mah... **così così.** Non penso che ci torneremo.

 A : レストランはどうだった？ 料理はおいしい？
*B : うーん、いまいちだった。たぶんもう行くことはないだろうね。

★Si mangia bene?: 料理はおいしい？ 非人称の si を使った文。直訳は「人はおいしく食事をするか」。
★così così: それほどよくない、いまいちな。
★ci torneremo: (私たちは) 再びそこに行く。tornare (戻る) の未来形。

139 Speriamo bene.
[スペリヤーモ・ベーネ]
▶ うまくいきますように。

A: È proprio per realizzare il mio sogno di andare in Giappone che devo vincere questa borsa di studio.
B: Allora, **speriamo bene.**
A: Sì, **speriamo bene.**

*A: で、日本に行く夢を実現するためには、この奨学金がもらえないとだめなの。
B: そっか、うまくいくといいね。
*A: うん、うまくいくといいんだけど。

★È proprio per ... che devo ～: …するために (私は) どうしても～しなければならない。essere と che を使った強調構文。
★realizzare: 実現する。
★vincere una borsa di studio: 奨学金を受ける。「選考に残り、勝ち取る」というイメージで、vincere (勝つ) が使われる。
★Speriamo bene.: うまくいくように祈りましょう。

140 Cosa aspetti?
[コザ・アスペッティ]
▶ 何をためらってるの？

A: Non so ancora se iscrivermi al corso. Forse non sono portata per recitare e…
B: Ma **cosa aspetti?** È un'occasione unica! Non puoi perderla.

*A: 講座に申し込むべきかまだ迷ってるの。演技に向いてないかもしれないし、それに…。
B: もう、何をためらってるの？ めったにないチャンスだよ！ 逃しちゃだめだよ。

★non sapere ancora se + 不定詞: ～すべきかどうかまだわからない、迷っている。
★iscriversi a ...: ～に申し込む、～に登録する。
★essere portato per [a] + 不定詞: ～することに向いている。また、"essere portato per + 名詞" で「～の素質がある」を表す。例: Non sono portato per la matematica. (私には数学の素質がない。)
★recitare: 演技する、芝居をする。
★Cosa aspetti?: 直訳は「何を待っているのか」。躊躇している人の背中を押すのに便利なフレーズ。
★perdere: 逃す；失う、なくす。

CAPITOLO 3   63

141 Contenta tu...
[コンテンタ・トゥ]
▶ きみがいいならいいけど…

A: Ma per me va benissimo così! Non capisco perché sei così preoccupato.
B: Beh, **contenta tu**... Allora non ti dico più niente...

*A: だけど私はそれでまったく問題ないよ！　なんでそんなに心配するのかわかんない。
B: まあ、きみがいいならいいけど…。じゃあもうぼくは何も言わないことにするよ。

★andare bene: うまくいく、都合がいい。benissimo は bene の絶対最上級。

★Contento tu.: きみが満足しているのなら（別にいいけど）。「自分としては納得していないが、相手がいいと言うのならもうあえて反対しない」というニュアンス。ほかにも、Contenti voi [loro]. (きみたち [彼ら] がいいと言うのなら) などの形で使える。

★non ... più: もはや〜ない、もう〜しない。

142 Non insisto.
[ノニンスィスト]
▶ 無理にとは言わないよ。

A: E per questa ragione non penso che sia il caso di invitare Lucio.
B: Va bene, **non insisto.**

*A: で、そんなわけで、ルーチョを招待するのはやめたほうがいいと思うの。
B: わかった。無理にとは言わないよ。

★essere il caso di + 不定詞: 〜するほうがいい（⇒ 177 ）。

★insistere（どうしてもと言い張る）は、日常会話でとても使い勝手がある動詞。例: Lui ha insistito tanto.（彼がどうしてもってって言うから。）/ Ma perché insisti così tanto?（なんでそんなにこだわるの？）

143 Vado pazzo（per...）
［ヴァード・パッツォ（・ペル）］
▶ （〜に）夢中です。

A : A te piace molto la musica, no? Che genere ti piace?
B : Ah, io **vado pazzo per** il jazz. Soprattutto quello americano.

　*A : あなた、音楽が大好きなんだよね？　どんなジャンルが好き？
　　B : ぼくはジャズに夢中なんだ。特にアメリカのジャズが好き。

★piacere：（物事が）〜に好まれる。ti（きみに）を強調すると a te となる。

★genere：ジャンル。

★andare pazzo per ...：〜が大好きだ、〜に夢中だ、〜に目がない。pazzo は「クレイジーな」という意味の形容詞。例：Vado pazza per la musica.（〈女性が主語〉私は音楽が大好きです。）

★quello：男性名詞 jazz を受ける代名詞。

144 Non è detto.
［ノネ・デット］
▶ そうとは限らない。

A : Sembra molto facile preparare questo piatto: ci vogliono pochi ingredienti.
B : Ma **non è detto** che sia facile. A volte è difficile cucinare certi piatti proprio per la loro semplicità.

　*A : この料理を作るのは簡単そうだね。材料もたいしていらないし。
　　B : でも、簡単かどうかはわからないよ。単純だからこそ作るのが難しい料理もあるよ。

★sembrare + 形容詞 + 不定詞：〜するのは…なようだ。piatto のあとの ":"（コロン）は理由を導き、「というのも」というニュアンス。

★volerci：（時間・ものなどが）必要である。

★Non è detto.：そうとは限らない。単独で使われるほか、Non è detto che sia facile.（簡単だとは限らない）のように che 節（動詞は接続法）を伴って使われる。

★a volte：ときには（〜であることもある）。

★certo：とある、ある種の。

CAPITOLO 3　65

145 Tutto a posto.
[トゥット・ア・ポスト]
▶ 万事順調。

A : Come va a scuola? **Tutto a posto?**
B : Sì, sì, **tutto a posto.** Adesso ho tanti amici, il professore è molto gentile…

*A：学校はどう？　すべて順調？
　B：うん、すべて問題ないよ。今ではたくさん友達もできたし、先生はとても優しいし…。

★Come va?：調子はどう？
★Tutto a posto.：すべてがしかるべき状態にある、すべて OK である。

146 Abbiamo fatto bene.
[アッビヤーモ・ファット・ベーネ]
▶ こうして正解だったね。

A : **Abbiamo fatto bene** a prendere la bici.
B : Già. Con quel traffico, in macchina non so quando mai saremmo arrivati.

　A：ぼくたち、自転車に乗ってきてよかったね。
*B：本当だね。あの渋滞じゃ、車だったらいつ着いていたかわからないからね。

★fare bene：正しい選択をする。"a + 不定詞"を続けると「～して正解だ」。tu を主語にした形 Hai fatto bene.（きみはそうして正解だったよ）もよく使われる。
★quando mai（いったいいつ）のように、肯定の疑問文に mai がつくと、「いったい」という気持ちがこもる。

147 Ci penso io.
[チ・ペンソ・イーヨ]
▶ 任せて。

A : Dove posso mettere questi piatti?
B : Lascia pure tutto lì. **Ci penso io.**

*A：このお皿はどこに片づけたらいいかな？
　B：いや、そのまま置いておいて。ぼくがやるから。

★lasciare：そのままにしておく。lascia は tu に対する命令法。pure（どうぞ）は命令法の動詞とセットで、「さあどうぞ、～してください」という気持ちを表す。
★Ci penso io.：私に任せてください、私がします。直訳は「そのことについては私が考えます」。「あなたがやってくれる？」なら Ci pensi tu? と言う。

66　CAPITOLO 3

148 Te lo prometto.
[テ・ロ・プロメット]
▶ 約束するよ。

Madre : Allora, non fare più questa cosa. Va bene?
Figlio : Non la farò mai più, mamma. **Te lo prometto.**

母：じゃあ、もうこんなことしちゃだめよ。いい？
子：もう絶対にしないよ、母さん。約束する。

★non ... mai più: もう二度と〜しない。
★promettere: 約束する。Te lo prometto. は「きみにそのこと（＝それをもうしないこと）を約束するよ」。

149 Non mi torna.
[ノン・ミ・トルナ]
▶ 何となく納得できない。

A : C'è qualcosa che **non mi torna** in tutta questa storia.
B : Ah, sì? A me sembra tutto chiaro.

*A：この話、なんか納得できないところがあるんだよね。
 B：そうかな？　ぼくにはすっきり明快に見えるけど。

★tornare:（話などが）納得できる。主語は「話」で、「納得できる／できないと感じる人」は間接目的語で表される。
★sembrare:（人・物事が）〜のように思われる、〜に見える。

150 Se non sbaglio,
[セ・ノン・ズバッリョ]
▶ たしか

A : Ma che fine ha fatto Luigi? Non lo vedo da un po'.
B : **Se non sbaglio**, si è trasferito a Milano.

 A：ルイージってどうなったのかな？　最近見かけないけど。
*B：たしか、ミラノに引っ越したんじゃないかな。

★Che fine ha fatto ...?: 〜はどうなったのか（⇒ 415 ）。
★da un po': 少し前から、しばらく前から。
★se non sbaglio: 私の間違いでなければ。sbagliare（間違える）を使った表現で、確信はないが「たしか〜だった気がする」という意味を表す。
★trasferirsi: 移る、引っ越す、移住・移転する。

CAPITOLO 3

151 Più o meno.
[ピィウ・オ・メーノ]
▶ だいたいは。

A: Allora, come va al lavoro? Tutto a posto?
B: Ma **più o meno**... Devo ancora imparare tante cose.

*A: 仕事はどう？　問題ない？
B: まあ、だいたいね。まだ覚えることがいっぱいあるんだ。

★Tutto a posto.: すべて順調である（⇒ 145 ）。
★più o meno: 多かれ少なかれ、だいたい。少し諦めが入った、妥協したニュアンスで言われることが多い。
★imparare: 学んで覚える。

152 Se ricordo bene,
[セ・リコルド・ベーネ]
▶ 記憶が正しければ

A: Ti ricordi con chi è sposata Antonella?
B: Antonella? **Se ricordo bene,** si è sposata con un avvocato.

A: アントネッラが誰と結婚したか覚えてる？
*B: アントネッラ？　私の記憶が正しければ、弁護士と結婚したはず。

★essere sposato con + 人：～と結婚している。なお、「～と結婚する」と言うには、"sposarsi con + 人" または "sposare + 人" を使う。
★se ricordo bene: もし私の記憶が正しければ。「覚えている」は他動詞 ricordare の代わりに再帰動詞 ricordarsi を使うこともできるが、その場合、se mi ricordo bene となる。

153 Mi sa che...
[ミ・サ・ケ]
▶ たしか

A: Francesco è andato in Francia o in Belgio?
B: **Mi sa che** è andato in Belgio.

*A: フランチェスコってフランスに行ったんだっけ、ベルギーに行ったんだっけ？
B: たしかベルギーに行ったんじゃないかな。

★Mi sa che ...: 私には～な感じがする。動詞 sapere はここでは「知っている」ではなく、「～という感じがする」という意味で使われる。Mi sa che è andato in Belgio. は、語順や表現をやや変えて È andato in Belgio, mi sa. と言うこともできる。

154 A quanto pare,
[ア・クゥワント・パーレ]
▶ どうやら

A: Martina si è già trasferita in Svizzera?
B: **A quanto pare,** sì. Non la vedo più da un po'.

*A: マルティーナはもうスイスに引っ越したの？
 B: どうやらそうみたいだ。ここのところ、彼女の姿を見かけないからね。

★trasferirsi: 引っ越す、移住する、移転する。
★a quanto pare: 見えることから判断すれば。a は判断の根拠を表す。quanto は「～するもの」という意味の、先行詞と関係代名詞がセットになった言葉（＝quello che）。pare は parere（～のように見える）の直説法現在。

155 È troppo tardi.
[エ・トロッポ・タルディ]
▶ 手遅れだ。

A: Dai, facciamo qualcosa per proteggere il verde, prima che sia troppo tardi.
B: Ma **è troppo tardi.** Sono venuti stamattina a sradicare tutti gli alberi.

 A: ほら、緑を守るために何かしようよ、手遅れになる前に。
*B: でももう手遅れだよ。今朝人が来て、木を全部引っこ抜いていったよ。

★prima che + 接続法: …が～する前に、～になる前に。sia は essere の接続法現在。
★È troppo tardi.: 手遅れだ、遅すぎる。
★sradicare: 根こそぎ引き抜く。

156 Non ti conviene.
[ノン・ティ・コンヴィエーネ]
▶ もっといい方法があるよ。

A: Da Roma a Pescara si può andare in treno, no?
B: Sì, ma **non ti conviene.** È meglio prendere il pullman.

 A: ローマからペスカーラには電車で行けるよね？
*B: うん、だけどもっといい方法があるよ。長距離バスに乗るほうがいいよ。

★si può andare: （人は）行くことができる。この非人称の si は「人は一般に」を表す。
★Non ti conviene.: （それは）いい方法ではない。convenire（便利である）を使った表現で、Ti conviene ... なら「～することはきみにとって便利だ、～するほうがいい」の意。例: Ti conviene chiamare un taxi.（タクシーを呼んだほうがいいよ。）

CAPITOLO 3

157 Così fai prima.
[コズィ・ファイ・プリーマ]
▶ **そのほうが手っ取り早いよ。**

A : Amore, la libreria non entra dalla porta di casa.
B : Mah, è troppo grande rispetto all'ingresso. Forse conviene smontarla. **Così fai prima.**

 A： ねえ、本棚が家に入らないよ。
 *B： うーん、入口に対して大きすぎるよ。たぶん分解したほうがいいよ。そのほうが手っ取り早いって。

★rispetto a ...： 〜に対して、〜に比べて。
★smontare：（組み立てられたものを）分解する。
★fare prima： 手っ取り早く目的を達成する。cosìは「このようにすれば、そうすれば」。

158 A che serve?
[ア・ケ・セルヴェ]
▶ **無駄だよ。**

A : E se proviamo a chiederle scusa di nuovo?
B : Ma **a che serve?** Ci abbiamo già provato mille volte, ma non è servito a niente.

 *A： もう一回彼女に謝るっていうのはどうかな？
 B： 無駄だよ。何度も謝ったけど、何の効果もなかったじゃないか。

★Se ...?： もし〜したら？　〜したらどう？　仮の提案をするニュアンス。
★provare a + 不定詞： 試しに〜してみる。
★chiedere scusa a + 人： 〜に謝る。ここでは"a + 人"がle（彼女に）に置き換えられている。
★di nuovo： また、再び。
★A che serve? は servire a ...（〜の役に立つ）を使ったフレーズで、直訳は「何の役に立つのか」。文字通りの意味でも使われるが、うんざりしたトーンで言うと、反語として「何の役にも立たない、無駄だ」という意味になる。

CAPITOLO 3

159 Tanto sarebbe inutile.
［タント・サレッベ・イヌゥーティレ］
▶ どうせ無駄だろうね。

A: Perché non provi a spiegare tutte queste cose a Chicco?
B: Ma **tanto sarebbe inutile.** Non mi dà mai retta.

　　*A: こういったこと全部をキッコに言ってみたら？
　　　B: でもどうせ無駄だろうね。ぼくの話はぜんぜん聞いてくれないんだ。

★Perché non ...?：（tu, lei, voi が主語で）～したらどう？　助言に便利な表現。
★Chicco は Francesco などの名前のニックネーム。
★tanto：どうせ、どっちにしても。sarebbe inutile（無駄だろう）の sarebbe は essere の条件法現在、「もし試したとしても」というニュアンス。
★dar retta a + 人：～の言うことに聞く耳を持つ、～の話を聞く。

160 Non ti riconosco.
［ノン・ティ・リコノスコ］
▶ きみらしくない。

A: E così, anche se sapevo che non è stata lei a farlo, non ho detto nulla.
B: Ma io **non ti riconosco.** La Teresa che conosco io è una ragazza sincera, rispettosa.

　　*A: そういうわけで、彼女がやったんじゃないって知ってたんだけど、何も言わなかったの。
　　　B: そんなの、きみらしくないな。ぼくが知ってるきみは、誠実で、公平な人なんだけどな。

★anche se ...：～ではあるのだが。sapevo che ... のあとに続いているのは、essere ... a farlo（それをするのは～である）の近過去の形。
★riconoscere：認識する。Non ti riconosco. は、「（その行動の中に）きみらしさを認識できない」、つまり「きみらしくない」ということ。la Teresa che conosco io（ぼくが知っているテレーザ）に定冠詞がついているのは、「ぼくが知っている」という特定の要素を伴っているため。
★sincero：誠実な。
★rispettoso：人を尊重する、人に敬意をもって接する。

CAPITOLO 3

161 Non posso lamentarmi.
［ノン・ポッソ・ラメンタールミ］
▶ 文句は言えない。

A : Come va il nuovo lavoro?
B : Ci sono alcune cose che sono un po' difficili, ma tutto sommato **non posso lamentarmi.**

　A：新しい仕事はどう？
＊B：ちょっと難しいこともあるけど、全体としては恵まれてるほうじゃないかな。

★tutto sommato：全体としては。

★lamentarsi：ぐちを言う、不平を言う。パーフェクトな状況ではないが、だいたい順調なので、「これで文句を言ったらばちがあたる」という気持ちのとき、Non posso lamentarmi. と言う。

162 Che ci vuole?
［ケ・チ・ヴゥウォーレ］
▶ たいしたことないでしょ？

A : Non me la sento di uscire.
B : Ma **che ci vuole** per andare a fare due passi?

＊A：外出する気分じゃないの。
　B：ちょっとそこまで出かけるだけでしょ？　たいしたことないじゃん。

★non sentirsela di + 不定詞：〜する気分ではない、〜したくない。

★Che ci vuole?：たいしたことは必要でないでしょ、やろうと思えばすぐにできるでしょ。volerci (〜が必要だ) を使ったフレーズ。「何が必要かな？」と文字通りに尋ねるときにも使われるが、何かに渋っている相手に対して言うときは、「そんなにたいしたことでもないのに、ためらうな！」という気持ちがこもる。

★fare due passi：少し散歩する、ちょっとそこまで出かける。

72　CAPITOLO 3

163 Che senso ha?
[ケ・センソ・ア]
▶ 意味ないよ。

A : Dai, se gli spieghiamo di nuovo, forse cambierà idea, no?
B : Ma **che senso ha?** Tanto lui è fatto così, arrogante e irragionevole.

　A： ほら、彼にもう一回説明すれば、考えを変えてくれるかもしれないから、ね？
*B： そんなの意味ないよ。彼はそういう人間だから。横柄で、道理が通じなくて。

★Che senso ha?： 何の意味があるのか、何の意味もないじゃないか。うしろに不定詞を続けると、「〜しても何の意味もない」と言える。例：Ma che senso ha continuare così?（こんなふうに続けていても、何の意味もないじゃないか。） 反語の形をとらずに、Non ha senso.（意味ないよ）とも言える。
★tanto： どうせ、いずれにしても（⇒ 159 ）。
★essere fatto così： そのようにできている→そのような性質の人間である。

164 Te l'avevo detto.
[テ・ラヴェーヴォ・デット]
▶ だから言ったのに。

A : E solo ieri ho scoperto che Angela non mi diceva altro che bugie...
B : **Te l'avevo detto.** È una persona poco sincera.

　A： 昨日になってやっと、アンジェラが嘘ばっかりついてたことに気づいたんだ。
*B： だから言ったでしょ。誠実な人じゃないよ。

★scoprire： 気づく、発見する。scopertoは過去分詞。
★non dire altro che bugie： 嘘を言ってばかりだ。直訳は「嘘以外、何も言わない」。
★Te l'avevo detto.： だから言わんこっちゃない。直訳は「（そのような状況になる前に）私はきみにそのことを言っていた」。avevo dettoはdire（言う）の直説法大過去。「何かが起こった過去の時点以前に言っていた」ことを表す。

CAPITOLO 3　73

165 **Peggio per loro.**
[ペッジョ・ペル・ローロ]
▶ 損するのは彼らのほうだ。

A: Non hanno accettato la mia proposta. Mi sento amareggiata.
B: Eppure hai preparato una proposta bellissima! Se non ne hanno capito la novità e l'utilità, **peggio per loro!**

*A: 私の提案が受け入れてもらえなくて、敗北感を味わっているの。
 B: でもきみの提案はすばらしかったよ！ あの提案の新しさと有用性を理解できないっていうんなら、損するのは彼らのほうだね！

★sentirsi amareggiato: 苦い思いをする。

★eppure: しかしながら、そうは言っても。

★ne は della tua proposta（きみの提案の）を受ける代名詞で、la novità（新しさ）と l'utilità（有用性）と結びつく。

★peggio per ...: それで損するのは〜のほうだ。例: Peggio per te!（それで損するのはきみのほうだよ！） peggio（より悪い）は male の比較級。

166 **Mi sta a cuore.**
[ミ・スタ・ア・クゥウォーレ]
▶ 私にとって大切なんです。

A: Ho capito Carla, ma perché insisti così tanto su questo punto?
B: Perché è una cosa che **mi sta a cuore!** Vorrei che tutti ne capissero l'importanza!

 A: わかったよカルラ、でもなんでこの点にそこまでこだわるの？
*B: だって私にとって大切なことだから！ みんなにその重要性をわかってほしいと思ってるの。

★insistere: 言い張る（⇒ 142 ）。

★stare a cuore a + 人: 〜にとって大切である、〜にとって気にかかる。会話例では "a + 人" の部分を間接目的語の代名詞 mi（私に）で表している。

★vorrei che + 接続法半過去: できれば…に〜してほしい。capissero は capire の接続法半過去。ne は di questa cosa（このことの）を受ける代名詞で、l'importanza di questa cosa（このことの重要性）の一部をなす。

167 Mi ha colpito molto.
[ミヤ・コルピート・モルト]
▶ 強く印象に残りました。

A: **Mi ha colpito molto** quello che ha detto Matilde.
B: Perché ti ha colpito?

*A: マティルデが言ったことが強く印象に残りました。
B: どうして印象に残ったの?

★colpire: ～の胸を打つ、～の印象に残る。Mi ha colpito molto. で「ショックを受けた、考えさせられた」というニュアンスが伝わる。

★quello che ...: ～なこと。che は関係代名詞。

168 A dire la verità,
[ア・ディーレ・ラ・ヴェリタ]
▶ 実を言うと

A: **A dire la verità,** Franca è un po' arrabbiata con te.
B: Ecco perché non mi ha più contattato.

A: 実を言うと、フランカはきみにちょっと腹を立ててるんだよ。
*B: それでもう連絡をくれなくなったのか。

★a dire la verità: 実を言うと。同義表現に a dire il vero がある。il vero のように、形容詞に男性単数形の定冠詞がつくと名詞化して「～的なもの」という意味になる。

★essere arrabbiato con + 人: ～に腹を立てている。

★Ecco perché ...: それで～なのか。よくわからなかった事情があり、その理由が判明したあとで納得するときのフレーズ。

169 In un certo senso,
[イヌゥン・チェルト・センソ]
▶ ある意味

A: Lei è venuto qui al posto del suo capo?
B: Non esattamente, ma **in un certo senso,** sì.

*A: あなたは上司の代理でいらしたのですか?
B: 正確には違うんですが、まあ、ある意味そうです。

★al posto di ...: ～の代わりに。
★capo: 上司。同じ意味で、英語から入った boss も使われる。
★in un certo senso: ある意味では。この場合、certo は「とある～」を意味する。

CAPITOLO 3　75

170 Sono cose che capitano.
[ソノ・コーゼ・ケ・カピタノ]

▶ **そういうこともあるよ。**

A : Io pensavo di chiederle scusa, ma proprio in quel momento l'ho vista con un altro uomo.
B : Sai, **sono cose che capitano**…

　　A：ぼくは彼女に謝ろうと思ってたんだ。ちょうどそんなふうに思ってたときに、彼女がほかの男といるのを見たんだ。
　＊B：まあ、そういうこともあるよ…。

★pensare di ＋ 不定詞： 〜しようかと思う。pensavo は直説法半過去。

★proprio in quel momento： まさにそのときに。

★capitare： 実際に起きる。Sono cose che capitano. の直訳は、「（そういったことは）実際に起こることである」。困った状況にある人を軽くなぐさめるのに便利なフレーズ。

171 Non è il massimo.
[ノネ・イル・マッスィモ]

▶ **あまりうれしくない／あまり気乗りしない。**

A : Uffa! Ma che caldo che fa! Con questo caldo andrei volentieri al mare…
B : Eh sì. Rimanere in città a lavorare in questo periodo **non è il massimo.**

　＊A：ああもう、なんて暑いの！ こんなに暑いんじゃ、海に行きたいところだけど…。
　　B：そうだね。この時期に街にいて仕事するのは、あまりうれしくないね。

★Uffa!： ああいやだ。

★Che caldo che fa! は、感嘆文 Che caldo!（なんて暑さだ！）の caldo に関係代名詞 che が続いた形。

★con questo caldo： このように暑くては。caldo の代わりに freddo（寒さ）を入れると、con questo freddo（こんなに寒くては）と表現できる。

★il massimo： 望みうる最良のこと。Non è il massimo. は「最良のことではない→あまりいい気はしない、あまり気乗りしない、あまりうれしくない」。

172 Non mi ispira tanto.
［ノン・ミ・イスピーラ・タント］
▶ **あまり気乗りしない。**

A : Ecco un altro ristorante. Vediamo com'è.
B : Ma non so... Sinceramente, **non mi ispira tanto**.

　A : また別のレストランがあるね。どんな感じかな。
*B : どうかな…。正直に言って、あまり食指が動かないな。

★Vediamo com'è.: どのようであるかを見てみよう。
★sinceramente: 率直に言って。
★Non mi ispira tanto.: 私にあまりいい印象を与えない→気乗りしない、気が進まない。ispirare は「いい印象を与える、インスピレーションを与える」という他動詞。

173 Capita anche a me.
［カピタ・アンケ・ア・メ］
▶ **私にもそういうことがあります。**

A : Non so perché ma quando è nuvoloso o piove ho mal di testa.
B : **Capita anche a me.** Forse ha a che fare con la bassa pressione.

*A : なんでかわからないんだけど、曇ったり雨が降ったりすると、頭痛がするの。
　B : ぼくもそういうことがあるよ。低気圧と関係があるのかな。

★avere mal di testa: 頭痛がする。
★capitare anche a + 人: 〜にも起きる。Capita anche a me di avere mal di testa. (私も頭痛がすることがある) のように、"di + 不定詞"を続けることもできる。
★avere a che fare con ...: 〜と関係がある。

174 Non è colpa mia.
［ノネ・コルパ・ミーヤ］
▶ **私のせいじゃない。**

A : Ma come?! Le merci non sono ancora arrivate?
B : No. Ma **non è colpa mia** se non sono ancora arrivate.

*A : 何ですって？　商品はまだ到着していないですって？
　B : はい。でもまだ到着していなくても、私のせいではありません。

★Ma come?!: 何だって？　驚くようなことを耳にして、憤慨したときに言う表現。
★merce: 商品。
★Non è colpa mia.: 私のせいではない。colpa はもともと「罪」を意味する。「私［きみ］のせいだ」は È colpa mia [tua]. と言う。

CAPITOLO 3　77

175 Per quanto ne sappia,
[ペル・クゥワント・ネ・サッピヤ]
▶ 私の知る限りでは

A: Quanto tempo ci vuole perché una cartolina arrivi in Africa?
B: **Per quanto ne sappia,** ci vogliono tre o quattro giorni.

　　A: アフリカにはがきを送るのに、どのくらい時間がかかるんだろう？
　*B: 私の知る限りでは、3、4日かかるよ。

★volerci:（時間・ものなどが）必要である。

★perché + 接続法: …が〜するためには。

★per quanto …: 〜な限りでは。ne は「それについて」、sappia は sapere（知っている）の接続法現在、io の活用。

176 Tu sei un genio.
[トゥ・セイ・ウン・ジェーニヨ]
▶ きみって天才だなあ。

A: Ecco fatto. Non c'è niente di difficile.
B: Ma **tu sei un genio!** Un vero fenomeno!

　　A: さあできた。こんなの朝飯前だよ。
　*B: あなたって天才！　信じられない！

★Ecco fatto.: さあできた（⇒ 193 ）。

★niente di difficile: 難しいことは何も。名詞 niente（何も〜ない）を修飾する場合は、形容詞の前に di が必要。

★genio: 天才。fenomeno は同義語で、類いまれな能力を持った人を指す。

177 Non è il caso.
[ノネ・イル・カーゾ]
▶ そうするには及びません。

A: I bambini non sono ancora tornati?! Ma non sarebbe il caso di chiamare la polizia?
B: Ma no, **non è il caso.**

　*A: 子どもたちがまだ帰ってない？　警察を呼んだほうがいいんじゃないですか？
　　B: いやいや。それには及びませんよ。

★essere il caso di + 不定詞: 〜したほうがいい状況である、〜するのが得策だ。di 以下は、文脈から明らかな場合は省く。「わざわざ警察を呼ぶ必要はない」と言いたいなら、Non è il caso di chiamare la polizia. となる。essere を条件法現在 sarebbe にすると、「もしかして〜なのでは？」という控え目な言い方に変わる。

178 Non me ne importa niente.
[ノン・メ・ネ・インポルタ・ニエンテ]
▶ どうでもいいよ。

A : Sembra che Emanuela ci sia rimasta male…
B : **Non me ne importa niente.**

*A : エマヌエーラ、気を悪くしちゃったみたい…。
 B : それがどうしたって言うの。

★sembra che + 接続法：～のようだ、～のように思われる。ここでは接続法過去（sia rimasta）が使われている。

★rimanerci male：気を悪くする。rimasta は rimanere の過去分詞。ci は「その状況において、そのことに対して」を意味する。

★importare：(人にとって) 重要である。Non me ne importa niente. は「それについては私には何も重要ではない→私にとってはどうでもいい」。あとに"di + 名詞・不定詞"を続けて、ne（それについて）の内容を明示することもできる。例：Non me ne importa niente di quello che dice.（彼の言ってることなんてどうでもいい。） 動詞 fregarsene（どうでもいいと思う）を使った、Non me ne frega niente.（そんなことどうでもいい）、Chi se ne frega?（誰がそんなこと気にする？）も非常によく使われるが、より俗語的な言い方になる。

179 Non se ne parla nemmeno.
[ノン・セ・ネ・パルラ・ネンメーノ]
▶ 話にもならない。

A : Ma dottore, posso fumare almeno una o due sigarette al giorno, no?
B : Ma **non se ne parla nemmeno.** Lei si rende conto della condizione in cui si trova?

*A : でも先生、1日にタバコを1、2本くらいはいいですよね？
 B : 論外です。ご自分が置かれた状況をわかっておいでですか？

★almeno：少なくとも、せめて。ここでは、いろいろ禁止される中で、「これくらいはいいでしょ？」というニュアンス。

★Non se ne parla nemmeno.：話にもならない、論外だ。se は非人称の si で、うしろに ne（それについて）があるため se に変化している。このフレーズのように、非人称の si には、有無を言わせずぴしゃりと伝えるようなニュアンスもある（⇒ 274 ）。

★rendersi conto di ...：～を十分にわかっている、～を自覚している。

★trovarsi：(場所・状況の中に) いる。

CAPITOLO 3

180 Non è che non voglio.
[ノネ・ケ・ノン・ヴォッリョ]
▶ そうしたくないわけじゃないんです。

A: Perché non vuoi uscire con noi?
B: **Non è che non voglio.** È che devo alzarmi presto domani mattina.

　　*A: どうして私たちと遊びに行きたくないの？
　　 B: 行きたくないわけじゃないんだ。明日の朝、早起きしないといけないんだ。

★Non è che ...：〜というわけではない。ここでは non voglio のあとに uscire con voi（きみたちと遊びに行く）が省略されている。È che ... は「〜ということなんです」（⇒ 242 ）。

181 Vedrai che tutto andrà bene.
[ヴェドライ・ケ・トゥット・アンドラ・ベーネ]
▶ きっと何もかもうまくいくって！

A: Ah, sono troppo emozionata!
B: Prova a rilassarti. **Vedrai che tutto andrà bene.**

　　*A: ああ、もう緊張でどきどきする！
　　 B: まあ落ち着いて。きっと何もかもうまくいくって！

★essere emozionato：（緊張や感激で）どきどきする。
★provare a + 不定詞：〜するよう努力する。prova は tu に対する命令の形。
★vedrai che + 文：今に見ててごらん、〜だから。vedrai は vedere（見る）の、andrà は andare（行く）の未来形。

182 Non c'è niente da fare.
[ノン・チェ・ニエンテ・ダ・ファーレ]
▶ どうしようもない。

A: Mamma mia com'è distratto Alessandro!
B: Sì, ma lui è fatto così. **Non c'è niente da fare.**

　　*A: まったくもう、アレッサンドロってうっかりしてるね！
　　 B: うん、だけど彼はそういう人だよ。しょうがないよ。

★essere distratto：ぼーっとしている、不注意である。
★essere fatto così：そのような性質の人物である。
★Non c'è niente da fare.：どうしようもない、しょうがない、できることは何もない。

CAPITOLO 3

183 Ti spiego in un altro modo.
[ティ・スピエーゴ・イヌゥナルトロ・モード]
▶ ほかの言い方で説明するよ。

A : Non capisco bene quello che dici. Mi puoi fare un esempio?
B : Certo. **Ti spiego in un altro modo.** Allora, mettiamo che tu ti trovi in un ristorante a Budapest, sola.

*A： あなたの言うこと、よくわからないな。例を挙げてくれない？
　B： もちろん。ほかの言い方で説明するよ。じゃあ、今きみは、ブダペストのレストランに一人でいると仮定しよう。

★quello che dici： きみが言うこと。che は関係代名詞。

★in un altro modo： 別の方法で。

★mettiamo che …： ～と仮定してみよう。mettere（置く、つける）の noi に対する命令法。

★trovarsi：（場所・状況の中に）いる。

184 È stato più forte di me.
[エ・スタート・ピィウ・フォルテ・ディ・メ]
▶ 衝動を抑えられなかったんです。

A : Ma ti ho detto mille volte di non farlo.
B : Scusa, ma **è stato più forte di me.**

　A： それをしたらだめって、何度も言ったでしょ！
*B： ごめんなさい。衝動が抑えられなくて。

★È stato più forte di me. は「それをやってみたい気持ちが私のコントロールより強かった→衝動を抑えられなかった」という表現。

Capitolo 4
日常生活 フレーズ

体調、家庭生活、習慣など、
日々の暮らしや身の回りのことに関する
様々なフレーズを収録しました。

185 Salute.
[サルゥーテ]
▶ お大事に。

A: E... Etcì!
B: **Salute.**
A: Grazie. Non so perché starnutisco così continuamente…

 *A： は…はくしょん！
  B： お大事に。
 *A： ありがとう。なんでこんなにくしゃみが出るのか…。

★etcì： はくしょん。くしゃみの擬音語。
★salute：（くしゃみをした人に）お大事に。原義は「健康」。病気の人に「お大事に」と言うには、Rimettiti presto.（早くよくなってね）←rimettersi（回復する）/ Prenditi cura di te.（体を大事にね）←prendersi cura di sé（自分の体をいたわる）/ Riguardati.（お大事に）←riguardarsi（自分の体に気をつける）などの表現がある。
★starnutire： くしゃみする。
★così continuamente： こんなにも続けて。

186 Cos'hai?
[コザーイ]
▶ どうしたの？

A: Caterina, ma **cos'hai?** Sei pallidissima.
B: Infatti non sto molto bene. Vorrei sdraiarmi un po' sul divano.

  A： カテリーナ、いったいどうしたの？　とっても顔色が悪いよ。
 *B： うん、あまり体調がよくないの。ちょっとソファーに横になりたいな。

★Cos'hai?： どうしたの？　大丈夫？　cosa（何を）と hai（きみは持っている）を縮めた言い方。具合や機嫌が悪そうな人に話しかけるのに便利な表現。
★pallido： 青白い。会話例では絶対最上級の -issimo がついた形が使われている。
★sdraiarsi： 横たわる。

CAPITOLO 4

187 Arrivo.
[アッリーヴォ]
▶ 今行くよ。

Madre : Francesco, vieni, la cena è pronta!
Figlio : Sì, mamma, **arrivo**!

> 母：フランチェスコ、おいで、夕食ができたよ！
> 子：わかった、お母さん。今行くよ。

★Arrivo.: すぐにそちらに行きます。「おいで」と言われて「今行くよ」と返事するには、arrivare（相手のほうに着く）または venire（相手のほうに行く）を使い、Arrivo. または Vengo subito. などと言う。「相手がいるところに向かう」場合、動詞 andare（行く）を使って Vado. と言うことはできない。

188 Chi parla?
[キ・パルラ]
▶ どちらさまですか？

A : Pronto? Casa Costantini?
B : Sì, **chi parla**?

> A：もしもし。コスタンティーニさんのお宅でしょうか？
> *B：はい、どちらさまでしょうか？

★Casa ...?: ～さんのお宅でしょうか？　個人名を挙げて聞くなら、Pronto? Parlo con il signor Rossi? (もしもし、ロッスィさんでいらっしゃいますか？) などと言う。
★Chi parla?: どちらさまですか？　直訳は「誰が話していますか？」。

189 Devo scappare.
[デーヴォ・スカッパーレ]
▶ すぐに失礼しなければ。

A : Anna, hai un minuto?
B : Scusami Bruno, ma **devo scappare**.

> A：アンナ、ちょっと時間ある？
> *B：ごめんブルーノ、すぐに行かなきゃならなくて。

★Hai un minuto?: ちょっと時間ある？　直訳は「1分間を持っているか」。
★devo scappare: 急いで立ち去らないといけない。scappare の原義は「逃げる」。

CAPITOLO 4　85

190 Sono distrutta.
[ソノ・ディストゥルッタ]
▶ 疲れたー。

A : Allora com'è andata la giornata?
B : Ah, **sono distrutta**... Ho avuto tantissime cose da fare.

 A：今日一日どうだった？
*B：ああ、もう疲れた…。やることがたくさんあってね。

★Come + andare の近過去？：（～は）どうだった？
★essere distrutto：くたくたに疲れている。疲労が大きいときに口語でよく使われる表現。

191 C'ho fame.
[チョ・ファーメ]
▶ おなかすいた。

A : **C'ho fame**... C'è qualcosa da mangiare?
B : No, dobbiamo fare la spesa al supermercato.

 A：おなかすいた…。何か食べ物ある？
*B：ううん。スーパーで買い物しなきゃ。

★averci fame：空腹である。「おなかがすいた」はもちろん Ho fame. と言えるが、口語では主語が単数形のとき、しばしば意味のない ci をつけて、C'ho fame.（おなかすいた）、Sua madre c'ha novant'anni.（彼のお母さんは 90 歳だ）などと言うことがある。c'ho, c'hai, c'ha の発音はそれぞれ「チョ」、「チャイ」、「チャ」。

192 Ero distratto.
[エーロ・ディストラット]
▶ ぼーっとしてた。

A : Alessandro, ma mi senti?! Ti sto parlando!
B : Scusami Sara, **ero distratto**.

*A：アレッサンドロ、聞いてる？ あなたに話しかけてるんだよ！
 B：ごめん、サーラ。ちょっとぼーっとしてた。

★Mi senti?：私の声が聞こえる？
★Scusami.：ごめん。動詞 scusare（許す）の tu に対する命令法 scusa に mi（私を）がついた形。
★essere distratto：ぼんやりしている。注意散漫な感じを表す。

86   CAPITOLO 4

193 Ecco fatto.
［エッコ・ファット］
▶ さあできた。

A: Poi dopo chiudi questa parte qua.
B: Va bene… chiudo questa parte… **Ecco fatto.**

　　A： それで、この部分を閉じたらいいよ。
　*B： わかった…この部分を閉じるのね…。さあできた。

★chiudere： 閉じる。chiudi は tu に対する命令法。
★questa parte qua： この部分。qua（ここに）は「この」を強調するための口語的な表現。
★Ecco fatto.： さあできた。何か作業などが完了したときに言うフレーズ。

194 Faccio fatica.
［ファッチョ・ファティーカ］
▶ 苦労しています。

A: Da quando c'è questa crisi economica, **faccio fatica** ad arrivare a fine mese.
B: Anch'io. La vita è così cara, oggigiorno.

　*A： この経済危機が始まって以来、月末までもたせるのに苦労するわ。
　　B： ぼくも。今は物価が高いよね。

★da quando c'è …： 〜が始まって以来。crisi は女性名詞で「危機」の意。
★fare fatica a + 不定詞： 〜するのに苦労する、〜するのにしんどい思いをする。
★arrivare a fine mese： 給料日のある月末まで家計をもたせる。
★La vita è cara.： 生活するのにお金がとてもかかる。oggigiorno は「今日、昨今」。

195 Non funziona.
［ノン・フゥンツィヨーナ］
▶ うまくいかない。

A: Allora prova a schiacciare questo bottone.
B: Ma **non funziona**…

　　A： じゃあ、このボタンを押してみたら？
　*B： でも動かないなあ。

★provare a + 不定詞： 試しに〜してみる。prova は tu に対する命令法。
★schiacciare： 押す。
★funzionare：（機械・やり方などが）機能する。

CAPITOLO 4

196 **tempo permettendo,**
［テンポ・ペルメッテンド］
▶ 天気がよければ

A : **Tempo permettendo,** domani facciamo una camminata in montagna?
B : Ma le previsioni dicono che domani non farà bel tempo.

　A：明日天気がよければ、山登りをしようか？
*B：だけど天気予報では、明日は天気がよくないって言ってるけど。

★tempo permettendo： 天気がよければ。permettere（許す）のジェルンディオ「もし許せば」を使った表現。

★fare una camminata in montagna： 山歩きをする、山登りをする。重装備の登攀でない限り、「山登り」はこの表現でカバーできる。

★previsioni（del tempo）： 天気予報。

197 **Mi scappa.**
［ミ・スカッパ］
▶ トイレにすぐに行きたい。

Padre : Se vogliamo possiamo fare una sosta al prossimo autogrill. Ma ti scappa la pipì?
Figlia : Sì papà, **mi scappa.** Se non vado subito in bagno, me la faccio addosso!

父：何だったら次のサービスエリアで休憩を入れようか？　トイレに行きたい？
娘：うん、お父さん、すごく。すぐにトイレに行かなきゃ。でないと間に合わない！

★se vogliamo： もし私たちがそう望むなら。

★fare una sosta： 一時停車して休憩する。

★autogrill は、高速道路沿いなどで展開するレストランチェーン Autogrill にちなむ言葉で、「サービスエリア」の意味で使われる。

★la pipì は「おしっこ」の意。「おしっこをする」は fare la pipì と言う。

★Mi scappa.： トイレにすぐに行きたい、もれそうだ。scappare（逃げる）を使った表現で、この場合の間接目的語 mi は「私から」の意。

★farsela addosso： トイレに間に合わずにもらす。

88　CAPITOLO 4

198 Che bella giornata!
[ケ・ベッラ・ジョルナータ]
▶ いい天気だね！

A : Ah, **che bella giornata!**
B : Sì, si sta proprio bene fuori.

> *A : ああ、なんていい天気なんだろう！
> B : そうだね。外にいるのがとっても気持ちいいね。

★bella giornata：よい日。Che bella gioranata! という感嘆文は、漠然と「よい日」というよりは、「天気がとってもよいこと」を表すことが多い。

★si sta bene fuori：人は外に心地よくいる。非人称の si と stare bene を組み合わせると、「（天候や気温などの条件がよくて）心地がいい」ことを表す。

199 Come ti trovi?
[コメ・ティ・トローヴィ]
▶ 居心地はどう？

A : Allora, **come ti trovi** a Milano?
B : Mi ci trovo abbastanza bene. Mi sono fatto tanti amici, la città mi piace…

> *A : それで、ミラノの居心地はどう？
> B : まあまあいいよ。友達はたくさんできたし、町は気に入ってるし。

★trovarsi：〜にいる。Come ti trovi a Milano? は「ミラノできみはどんなふうにいるの？→ミラノの居心地はどう？」という意味。また、Mi ci trovo abbastanza bene. は「（私は）そこで割と居心地よく過ごしている」の意（副詞の ci（そこで）が mi trovo の間に入る点に注意）。

200 Ti disturbo adesso?
[ティ・ディストゥルボ・アデッソ]
▶ 今話して平気？

A : Ciao Sandro, **ti disturbo adesso?**
B : No, no, dimmi.

> *A : こんにちはサンドロ、今話して平気？
> B : うん、大丈夫だよ。何かな。

★Ti disturbo adesso? は動詞 disturbare（邪魔する）を使った表現で、直訳は「私は今きみを邪魔しているか」。電話でよく使われる。大丈夫な場合は「邪魔していない」と言わなければならないので、No. と返事する。

★Dimmi.：何かな（⇒ 5 ）。

CAPITOLO 4

201 Ti dà fastidio?
[ティ・ダ・ファスティーディヨ]
▶ 迷惑かな？

A: **Ti dà fastidio** se apro la finestra?
B: No, anzi. Anch'io volevo prendere un po' d'aria.

*A：窓を開けたら迷惑かな？
B：いや、むしろぼくも、ちょっと新鮮な空気を吸いたかったところだよ。

★dare fastidio a + 人：〜にとって迷惑である。疑問文で用いて、「〜してもいいですか？」と相手に許可を求める表現になる。il fumo（タバコの煙）などの名詞を主語として、Le dà fastidio il fumo?（タバコを吸ったらご迷惑ですか？）と言ったり、se ...（〜するとしたら）を続けて、Le dà fastidio se fumo? と言ったりできる。

★anzi: それどころか（⇒ 25 ）。

★prendere un po' d'aria: 少し（新鮮な）空気を吸う。

202 Ce l'ho fatta!
[チェ・ロ・ファッタ]
▶ できた！

A: Ecco... sì, **ce l'ho fatta!** Adesso il nostro televisore è tornato a funzionare perfettamente.
B: Bravo Marcello! Sei proprio un genio!

A：これをこうしてっと…。よし、できた！　テレビがばっちり直ったよ。
*B：マルチェッロ、あなたってすごい！　もう、天才だね！

★farcela: やってのける、成功する。近過去で言うと、「やった、できた！」を意味する。近過去の活用は、ce l'ho fatta, ce l'hai fatta, ce l'ha fatta など。l' は la の省略形で、助動詞 avere の前に la を置く場合、それに合わせて過去分詞の語尾を -a にする、というルールがある。

★tornare a + 不定詞：再び〜するようになる。

★genio: 天才（⇒ 176 ）。

203 È venuto bene.
[エ・ヴェヌート・ベーネ]
▶ うまくできた。

A: Questo piatto è squisito.
B: Ti piace? Beh, non avevo tutti gli ingredienti necessari, ma **è venuto bene** ugualmente.

*A: この料理、すっごくおいしいね。
B: 気に入った？ まあ、材料は全部は揃ってなかったんだけど、それでもおいしくできた。

★squisito: 美味な。

★venire bene: うまく仕上がる。料理や写真などを主語にする表現。例: Questa foto è venuta bene!（この写真、よく撮れてるね！）

204 Mi hai cercato?
[ミ・アイ・チェルカート]
▶ 電話をくれたみたいだね。

A: Ciao, Sandra. **Mi hai cercato**?
B: Sì, ti volevo chiedere se hai il numero di Luisa.

A: やあサンドラ。電話くれたみたいだけど？
*B: うん、ルイーザの電話番号を知ってるか聞きたかったの。

★Mi hai cercato?:（きみは）私を探した？

★volevo chiedere se ...:（私は）〜かどうか聞きたかった。volevoは直説法半過去。

205 Abbiamo fatto tardi.
[アッビヤーモ・ファット・タルディ]
▶ すっかり遅くなっちゃったね。

A: Mamma mia! **Abbiamo fatto tardi!**
B: Sì. Non mi sono accorto del tempo che passava.

*A: うわー！ すっかり遅くなっちゃったね！
B: うん。時間が経つのに気がつかなかったよ。

★fare tardi:（遊びや仕事で）時間が遅くなる、帰宅が遅くなる。非人称のsiを使い、Si è fatto tardi.（私たち、すっかり遅くなっちゃったね）とも言う。

★accorgersi di ...: 〜に気づく。del tempo che passavaは「過ぎつつあった時間に」。

CAPITOLO 4

206 Sono a dieta.
[ソノ・ア・ディエータ]
▶ ダイエット中です。

A: Mi dispiace ma questi biscotti non li posso mangiare. **Sono a dieta.**
B: Ancora? E questa volta in che cosa consiste la dieta?

*A: 悪いけど、このクッキーは食べられないわ。ダイエット中なの。
B: また？　で、今度はどんなダイエットなの？

★questi biscotti: これらのクッキー。mangiare（食べる）の直接目的語にあたる部分を先に言って、li（それらを）で受け直している。

★essere a dieta: ダイエット中である。「ダイエットをする」なら fare una dieta と言う。fare の代わりに seguire, osservare を使うこともある（osservare はやや固い言い方）。

★consistere in ...: 〜という内容である。In che cosa consiste? は「それはどんな内容なのか」。consistere in のあとに不定詞を続けるときは、不定詞を名詞化するための定冠詞がつく（次の例の nel は in + il）。例: Consiste nel non mangiare cose zuccherate.（砂糖が入ったものを食べないという内容です。）

207 Ti vedo stanco.
[ティ・ヴェード・スタンコ]
▶ 疲れてるみたいだね。

A: Stefano, **ti vedo stanco.** Non è che stai lavorando troppo?
B: Forse hai ragione. È da una settimana che sento una stanchezza che non va via.

*A: ステーファノ、疲れてるみたいだね。働きすぎなんじゃないの？
B: そうかも。先週から疲れが取れなくて。

★vedere ... + 形容詞: …を〜な状態で見つける。Ti vedo stanco. の直訳は「きみを疲れた状態で見つける」。

★Non è che ...?: 〜ということなのではないですか？

★È da una settimana che ...: 〜なのは1週間前からだ。da una settimana（1週間前から）を essere + che の強調構文（essere のあとに強調したい語句を置き、che のあとに文の残りの要素を入れる）で表している。

★andare via: 消え去る。stanchezza は「疲れ」、che は関係代名詞。

208 Ti vedo giù.
［ティ・ヴェード・ジュ］
▶ 元気がないみたいだね。

A : Roberto, oggi **ti vedo** un po' **giù.** C'è qualcosa che non va?
B : Non so perché ma ultimamente mi capita spesso di essere giù di morale.

*A : ロベルト、今日ちょっと元気がないみたいだね。何か困ったことでもあるの？
　B : なんでかわかんないんだけど、最近ブルーな気分になることがよくあるんだ。

★giù：元気がない。sentirsi（自分を〜と感じる）とともに用いて、Mi sento giù.（私は元気がない）などとも言える。
★Mi capita spesso di ...：私はしょっちゅう〜することがある（⇒ 173 ）。
★essere giù di morale：ブルーな気分である、元気がない。

209 C'è scritto qualcosa.
［チェ・スクリット・クゥワルコーザ］
▶ 何か書いてある。

A : Non trovo più il foglietto su cui ho scritto l'indirizzo di Giorgio...
B : Ma non è questo? **C'è scritto qualcosa.**

*A : ジョルジョの住所を書いたメモが見つからなくなっちゃった。
　B : これじゃないの？　何か書いてあるよ。

★non trovare più ...：〜が見つからなくなった。
★foglietto：小さな用紙。
★c'è scritto：書かれている。Qui c'è scritto l'indirizzo.（ここに住所が書かれています）などと言うとき、è scritto（書かれている）に ci（そこに）を慣用的につける。

210 Ci mettiamo lì?
［チ・メッティヤーモ・リ］
▶ あっちに座ろうか？

A : Dove ci mettiamo? **Ci mettiamo lì?**
B : No, perché non ci mettiamo qui?

　A : どこに座ろうか。あっちにする？
*B : いや、ここにしましょう。

★mettersi：着席する。座る場所を相談しているようなとき、動詞 sedere, sedersi（座る）よりも mettersi がよく使われる。「どこに陣取ろうか」というイメージ。

CAPITOLO 4　93

211 Mi sono arrangiato.
［ミ・ソノ・アッランジャート］
▶ あるもので何とかしました。

A : In montagna non potevi accendere un fuoco, no? Come hai fatto a cucinare?
B : Mah... **mi sono arrangiato.**

　*A : 山では火をつけられなかったんでしょ？　どうやって料理したの？
　 B : まあ…あるもので何とかしたよ。

★accendere un fuoco：火をつける。

★Come hai fatto a + 不定詞?：（きみは）どうやって〜したの？

★arrangiarsi：工夫して何とか乗り切る。未来の話なら、Mi arrangerò.（まあ、何とかします）。必要なものが揃わない状況で、うまくやりくりして切り抜けることを表す。

212 Potevi chiamarmi, no?
［ポテーヴィ・キヤマールミ・ノ］
▶ 電話してくれてもよかったのに。

A : Perché sei tornata così tardi ieri?
B : Perché ho avuto un lavoro urgente da fare.
A : Ma almeno **potevi chiamarmi, no?** Così non ti avrei aspettato a cena.

　 A : 昨日はどうしてあんなに帰りが遅くなったの？
　*B : 急な仕事が入っちゃって。
　 A : 電話くらいしてくれてもよかったのに。そしたら、夕食にきみを待たなかったんだけどな。

★almeno：少なくとも。

★potevi chiamarmi：（きみは）私に電話してくれてもよかったのに。potere（〜できる）の直説法半過去で、相手を責めるニュアンスが出せる。

★non ti avrei aspettato：（私は）きみを待たなかったはずだ。avrei aspettato は aspettare（待つ）の条件法過去で、過去の事実に反する仮定のもとでの推量を表す。

94　CAPITOLO 4

213 **Non suona bene.**
[ノン・スゥウォーナ・ベーネ]
▶ **自然な表現ではない。**

Insegnante : Ma in italiano non si dice "mangio la cena".
 Studente : Ah, no? Non si dice così?
Insegnante : Si capisce ma **non suona** tanto **bene.**

 *先生 ： イタリア語では "mangio la cena" とは言いません。
 学生 ： そうですか、こんなふうには言わないんですか？
 *先生 ： 意味はわかるけど、あまりイタリア語らしい表現ではありません。

★non si dice: 言われない、(一般的に) 言わない。受け身・非人称の si を使った表現。si capisce (理解される) も同様。なお、「夕ご飯を食べる」は動詞 cenare で表すのが普通。

★suonare: 響く。ある言語の表現について、suonare bene (違和感なく響く)、non suonare bene / suonare male (不自然に聞こえる) などと使う。

214 **Ci salutiamo all'italiana?**
[チ・サルゥティヤーモ・アッリタリヤーナ]
▶ **イタリア式にあいさつしましょうか？**

A : Luciana, grazie di tutto!
B : Ma figurati Koji. Fai un buon viaggio di ritorno. Allora **ci salutiamo all'italiana?**

 A ： ルチャーナ、いろいろありがとう！
 *B ： どういたしまして、浩二。じゃあ、よい帰国の旅を。イタリア式にあいさつしましょうか？

★Grazie di tutto.: いろいろありがとう。

★Figurati.: どういたしまして (⇒ 15)。

★viaggio di ritorno: 帰国の旅。

★salutarsi all'italiana: イタリア式にあいさつする。この会話例のような別れの場面では、軽くハグしながら、左右の頬を互いに軽く重ね合わせるようにする。「〜式に [の]、〜風に [の]」は "alla + 形容詞の女性単数形" で表現する。料理の名前で目にすることが多い。例: saltimbocca alla romana (ローマ風サルティンボッカ)

CAPITOLO 4　95

215 Cosa hai combinato?!
［コザ・アイ・コンビナート］
▶ 何をしでかしたの?!

Madre : Ma **cosa hai combinato?!** Non fai altro che combinare guai!
Figlio : Mamma, stai tranquilla. La situazione è meno peggio di quanto sembra.

母：いったい何をやらかしたの?!　もう、いつもろくなことしないんだから！
子：母さん、落ち着いて。そこまでひどい状況じゃないから。

★combinare: しでかす、やらかす。

★non fare altro che + 不定詞： 〜以外のことをしない、〜してばかりいる。

★guai: トラブル、困り事。単数形は guaio だが、会話例のように、複数形で使うことが多い。

★essere meno peggio: ましである。peggio は「より悪い」。meno peggio で「より悪い度合いがより少ない」。

★di quanto sembra: 見えるものよりも、見かけよりも。quanto は先行詞と関係代名詞がセットになった、「〜するもの」を意味する語。

216 È un casino.
［エ・ウン・カズィーノ］
▶ ぐちゃぐちゃな状態だ。

A : Allora, come va la riunione?
B : Ma **è un casino**: il direttore urla dicendo che non gli piace niente, i miei colleghi arrabbiatissimi…

＊A：で、会議はどう？
　B：まあ、もうぐちゃぐちゃだよ。部長は全部気に入らないって叫ぶし、同僚たちはみんなものすごく腹を立ててるし…。

★casino: ぐちゃぐちゃな状況。混乱していたり、収拾がつかない状況や、散らかっている部屋の様子について使える表現。例：Che casino è questo?（なんなの、こんなにぐちゃぐちゃになって！）

★urlare: 叫ぶ。

★dicendo: 言いながら。dire（言う）のジェルンディオ、「〜しながら」の用法。

★arrabbiato: 立腹した。arrabbiatissimi は絶対最上級。

217 Sei su facebook?
［セイ・スゥ・フェイスブック］
▶ フェイスブックやってる？

A: Dai, teniamoci in contatto.
B: Molto volentieri. **Sei su facebook?**

　　A: ねえ、これからも連絡を取り合おうね。
　*B: いいね。フェイスブックやってる？

★tenersi in contatto: 連絡を取り合う、連絡を絶やさない。
★molto volentieri: 大いに喜んで (⇒ 17)。
★essere su facebook: フェイスブックを使っている。イタリア語では facebook のアクセントは、日本語と違い、最初の「フェイ」にあるので注意。

218 Non c'è campo.
［ノン・チェ・カンポ］
▶ 携帯が圏外だ。

A: Ma che strano... Il mio telefonino non prende... Forse **non c'è campo.**
B: Sì, forse questa zona non è coperta.

　　A: 変だな…。携帯の電波が届かない…。圏外なのかな。
　*B: そうかも。ここは電波の届かない地域なのかもね。

★prendere: ここでは「電波をキャッチする」の意。
★campo: 電波。携帯電話に表示される電波の強さは、una tacchetta（アンテナ1本）、due tacchette（アンテナ2本）のように表現する。
★essere coperto:（電波によって）カバーされている。

219 Vorrei fare una ricarica.
［ヴォッレイ・ファーレ・ウナ・リカリカ］
▶ 携帯代のチャージをしたいのですが。

A: Buongiorno. **Vorrei fare una ricarica** da cinque euro.
B: D'accordo. Qual è il suo numero?

　　A: こんにちは。携帯の料金を5ユーロ分チャージしたいのですが。
　*B: わかりました。電話番号をおっしゃってください。

★fare una ricarica: プリペイド式携帯電話の代金をチャージする。月額契約の携帯電話もあるが、プリペイド式のものがポピュラー。携帯電話販売店では、番号を伝えるとすぐにチャージしてもらえるが、スーパーや書店では自分で電話操作するチャージ用カードが売られている。そういうものを買うときは comprare una ricarica と言う。

CAPITOLO 4　97

220 C'è l'imbarazzo della scelta.
[チェ・リンバラッツォ・デッラ・シェルタ]
▶ 迷うなあ。

A: Hai già deciso che gusti prendere?
B: Mah… qui **c'è l'imbarazzo della scelta**… Tutti i gusti sembrano buoni…

　A: どのフレーバーを頼むか、もう決めた？
＊B: うーん、どうしようかなあ…。どれもおいしそうで…。

★decidere: 決める。deciso は過去分詞。

★che gusti prendere: （アイスクリームの）どのフレーバーを頼むべきか。疑問詞のあとの不定詞には「～すべき」というニュアンスが加わる。「フレーバー」の単数形は gusto。

★l'imbarazzo della scelta: 選択肢がよりどりみどりで迷う状態。imbarazzo は「とまどい」を意味する。

221 Ti sei fatto male?
[ティ・セイ・ファット・マーレ]
▶ けがしなかった？

A: Mauro! Non avevi visto i gradini? **Ti sei fatto male?**
B: Non ti preoccupare. Non mi sono fatto male.

＊A: マウロ！ 段差が見えなかったの？ けがしなかった？
　B: 心配しないで。けがはしてないから。

★non avevi visto:（きみには）見えていなかった。この会話例では、Mauro がつまずいた以前に段差（gradini）が見えていなかったことを直説法大過去で表している。

★farsi male: けがをする。日本語では「けがしなかった？」と否定疑問文で尋ねるのが普通だが、イタリア語では肯定の疑問文 Ti sei fatto male?（けがした？）で表されることが多い。相手が女性なら Ti sei fatta male? となる。

222 Dove le fa male?
[ドヴェ・レ・ファ・マーレ]
▶ どこが痛いですか？

A: Ma **dove le fa male?** Le fa male qui?
B: Sì. Mi fa molto male qui. Ma cosa può essere, dottore?

　　A: どこが痛みますか？　ここは痛いですか？
　*B: はい、ここに強い痛みを感じます。先生、いったい何の病気なんでしょうか？

★fare male: 痛みを与える。例：Mi fai male!（きみは私に痛みを与えている→痛い！）
★Cosa può essere?: 何でありえるのか。ここでは「いったい何の病気の可能性があるのか」というニュアンス。

223 Ti do una mano?
[ティ・ド・ウナ・マーノ]
▶ 手伝おうか？

A: Ma quanto è duro questo tappo…
B: Ce la fai? **Ti do una mano?**

　*A: このふた、本当に固いなあ…。
　　B: 自分で開けられる？　手を貸そうか？

★duro: 固い。会話例では quanto（どれほど）を使った感嘆文になっている。
★tappo:（びんなどの）ふた、栓。
★farcela: できる、やってのける、成功する（⇒ 202 ）。例：Ce la farai sicuramente!（きみならきっとできる！）
★dare una mano: 手助けする、手を貸す。

224 C'è un bel calduccio.
[チェ・ウン・ベル・カルドゥッチョ]
▶ ここは暖かくていいね。

A: Mamma mia, che freddo che fa fuori!
B: Sì, ma qui **c'è un bel calduccio.**

　　A: うわー、外は寒いね！
　*B: うん、でもここは暖かくていいね。

★Mamma mia!: まったく、なんということだ（⇒ 88 ）。
★Che freddo!: 何という寒さ。che（何という）を使った感嘆文。che fa fuori の che は関係代名詞で、freddo（寒さ）にかかる。全体で「外では何という寒さが生じていることか」。
★un bel calduccio: 素敵な暖かさ。心地のよい暖かさを表す。

225 Porti bene gli anni!
[ポルティ・ベーネ・リ・アンニ]
▶ 若く見えるね！

A: Il prossimo mese compirò sessant'anni.
B: Davvero? **Porti bene gli anni!**

　A： 来月、60 歳になるんだ。
*B： 本当に？　若く見えるね！

★compiere：（〜歳）になる。未来形 io の活用は不規則で、compirò.

★sessant'anni： 60 歳。sessanta anni のままでもよいが、言いやすいのでよくこの短縮形を使う。例：trent'anni（30 歳）/ cinquant'anni（50 歳）

★portare bene gli anni： 実際より若く見える。gli anni を li（それらを）で受けて、Li porti bene gli anni.（きみ、若く見えるね）と言ったり、所有形容詞を使って、Porti bene i tuoi anni. と言ったりすることもある。dimostrare（見せる）を使った類似の表現に、Non dimostri gli anni che hai.（実際の年齢より若く見えるね）がある。

226 Sono allergica alla polvere.
[ソノ・アッレルジカ・アッラ・ポルヴェレ]
▶ ほこりにアレルギーがあります。

A: Ma Alessandra, cos'hai? Non fai altro che starnutire.
B: **Sono allergica alla polvere.** Se starnutisco così, è tutta colpa della polvere.

　A： アレッサンドラ、どうしたの？　さっきからくしゃみしてばかりだね。
*B： 私、ほこりアレルギーなの。こんなにくしゃみが出るのは、全部ほこりのせいなんだ。

★non fare altro che + 不定詞： 〜以外のことをしない、さっきからずっと〜している。

★essere allergico a ...： 〜にアレルギーがある。「花粉症である」は essere allergico ai pollini と言う。

★se starnutisco così： 私がこのようにくしゃみするのは。se は仮定でなく「〜なのは」の意味で使われている。

★È tutta colpa di ...： 全部〜のせいである（⇒ 174 ）。

100　CAPITOLO 4

227 Mi fai il solletico.
[ミ・ファイ・イル・ソッレーティコ]
▶ くすぐったいよ。

A : E se faccio così, ti fa male?
B : No, non mi fa male, ma **mi fai il solletico.**

   A： で、こんなふうにしたら、痛い？
*B： いや、痛くないけど、くすぐったいよ。

★Ti fa male?： きみは痛みを覚える？（⇒ 222 ）

★fare il solletico a + 人： 〜にくすぐったい思いをさせる、〜をくすぐる。

228 Ho fatto una levataccia.
[オ・ファット・ウナ・レヴァタッチャ]
▶ 早起きしました。

A : Per prendere l'aereo immagino che ti sia alzato molto presto.
B : Sì, infatti. **Ho fatto una levataccia.**

*A： 飛行機に乗るために、ずいぶん早起きしたんじゃない？
   B： そうなんです。早起きしました。

★immaginare che + 接続法： 〜と想像する。ti sia alzato は alzarsi（起床する）の接続法過去。

★infatti： 実際に（⇒ 10 ）。

★fare una levataccia：（つらい）早起きをする。

229 Come mai da queste parti?
[コメ・マーイ・ダ・クゥウェステ・パルティ]
▶ いったいどうしてこんなところに？

A : Ciao Matteo! **Come mai da queste parti?**
B : Ciao Luisa, sto accompagnando mia figlia in piscina.

*A： こんにちはマッテーオ。こんなところで会うなんて、奇遇ねえ！
   B： やあルイーザ。娘をプールに送っていくところなんだよ。

★Come mai da queste parti?： いったいどうしてこんなところに（いるの）？　動詞が省略された疑問文。偶然会ったことに驚いて、その場にいる理由を軽く尋ねる表現。da は場所（〜の辺りに）を表す前置詞。

★accompagnare： 〜を送迎する。sto accompagnando は現在進行形。

CAPITOLO 4　　101

230 Mi ha detto di no.
[ミヤ・デット・ディ・ノ]
▶ だめって言われた。

Padre : Se mamma dice di sì, allora puoi andarci.
Figlia : Ma lei **mi ha detto di no.** È per questo che sto chiedendo a te, papà.

父：お母さんがいいって言ったら、行ってもいいよ。
娘：でもお母さんにはだめって言われたよ。だからお父さんに頼んでるんだよ。

★dire di sì: いいよと言う。dire di no は「だめだと言う」。
★È per questo che ...: 〜なのはこのためである。essere + che の強調構文。

231 Non ti accorgi di niente?
[ノン・ティ・アッコルジ・ディ・ニエンテ]
▶ 何も気づかない？

A : Amore, ma **non ti accorgi di niente?**
B : Ah, ti sei tagliata i capelli! Ti stanno proprio bene i capelli corti!

＊A：あなた、何か気づいたことはないの？
B：ああ、髪を切ったんだね。ショートヘア、似合ってるよ！

★accorgersi di ...: 〜に気づく。
★tagliarsi i capelli: 髪を切る。人に切ってもらう場合は、正確には farsi tagliare i capelli と言うが、日常会話では tagliarsi i capelli と言うのが一般的。
★stare bene a + 人: 〜に似合う。

232 Dov'è che hai studiato italiano?
[ドヴェ・ケ・アイ・ストゥディヤート・イタリヤーノ]
▶ どこでイタリア語を勉強したの？

A : E **dov'è che hai studiato italiano?**
B : In Giappone. Ho frequentato una scuola di lingua per quattro anni.

A：で、どこでイタリア語を勉強したの？
＊B：日本でです。語学学校に 4 年間通いました。

★Dov'è che ...?: どこで〜？　dove（どこで）を essere + che で強調した構文。ほかの疑問詞でも、Quand'è che vengono?（彼ら、いつ来るんだっけ）のように使える。

233 Come si chiama quel coso...
[コメ・スィ・キヤーマ・クゥウェル・コーゾ]
▶ あれ、何て名前だっけ？

A : Ma **come si chiama quel coso**... quel bastone che serve per fare le foto con il cellulare?
B : Si chiama "selfie stick".

  A：あの、あれの名前、何だっけ…あの、携帯で写真を撮るのに使うあの棒は。
*B：「自撮り棒」だよ。

★coso：あのあれ。名前がわからなかったりちょっと不審だったりするものを指す。女性名詞 cosa（もの、こと）の男性名詞版である点がおもしろい。

★bastone：棒。

★servire per [a] + 不定詞：〜するのに役立つ。che serve の che は関係代名詞。

234 Sei capitato nel momento giusto.
[セイ・カピタート・ネル・モメント・ジュスト]
▶ いいところに来たね。

A : Ciao Sandra, mi è venuta l'idea di passare da te, anche se non sapevo se eri in casa...
B : Ciao Carlo! **Sei capitato** proprio **nel momento giusto**. Ho appena sfornato la focaccia al formaggio. La assaggiamo insieme?

  A：やあサンドラ、きみが家にいるかどうかわからなかったけど、ちょっと寄ってみようかな、と思って。
*B：あら、カルロ！　ちょうどよかった。チーズ味のフォカッチャを焼いたところなの。一緒に味見しない？

★mi è venuta l'idea di + 不定詞：私は〜することを思いついた。

★passare da ...：〜のところに寄る。

★anche se ...：〜ではあるにせよ。

★capitare：居合わせる。sei capitato は tu（男性）が主語の近過去。nel momento giusto は「よいタイミングに」。

★sfornare：（焼いたばかりのもの・焼きたての料理を）オーブンから取り出す。

235 Ci ho messo un'intera giornata.
［チョ・メッソ・ウニンテーラ・ジョルナータ］
▶ 丸一日かかった。

A: Per finire i compiti **ci ho messo un'intera giornata.**
B: Addirittura? Erano difficili o erano tanti?

　　*A: 宿題を終えるのに丸一日かかったよ。
　　　B: そんなに？　難しかったの、それとも多かったの？

★metterci：（時間・エネルギーを）かける、～を費やす。作業に取り組んだ人を主語にする。
★Addirittura?：そんなに？　そこまで？（⇒ 85 ）

236 Quasi quasi me ne vado.
［クゥワーズィ・クゥワーズィ・メ・ネ・ヴァード］
▶ そろそろ帰ろうかな。

A: Ciao ragazzi, vi saluto! Grazie per la bellissima serata!
B: Già te ne vai? Allora **quasi quasi me ne vado** anch'io.

　　*A: じゃあね、みんな！　楽しい夜をありがとう！
　　　B: もう帰るの？　じゃあぼくも、そろそろ帰ろうかな。

★salutare：～にあいさつする（⇒ 47 ）。
★andarsene：その場から立ち去る、帰る。直説法現在の活用は、me ne vado, te ne vai, se ne va, ce ne andiamo, ve ne andate, se ne vanno となる。
★quasi quasi：そろそろ～しようかな、～しちゃおうかな。quasi（ほとんど）を2回重ねて、だんだん決心がつきつつある様子を表現する。

237 Ti sembra l'ora di telefonare?
［ティ・センブラ・ローラ・ディ・テレフォナーレ］
▶ 何時だと思ってるの！

A: Ciao Cristina, come stai?
B: Ma **ti sembra l'ora di telefonare**, questa?

　　　A: やあクリスティーナ、元気？
　　*B: こんな時間に電話してくるなんて、まったく何考えてるの！

★Ti sembra l'ora di + 不定詞?：きみには～するのにふさわしい時間に思えるのか。つまり、「こんな時間に～するのは非常識である」ということ。文の最後の questa は主語で、「今のこの時間」を表す。

238 Hai fatto le ore piccole?
［アイ・ファット・レ・オーレ・ピッコレ］
▶ 夜更かししたの？

A : Sandro, sembri molto stanco... **Hai fatto** di nuovo **le ore piccole?**
B : Sì, ieri sera sono andato in discoteca, e ho fatto tardi.

*A : サンドロ、なんかすごく疲れたような顔をしてるね。また夜更かししたの？
B : うん、昨日の晩はディスコに行って、帰宅が遅くなったんだ。

★sembrare molto stanco：とても疲れているように見える。
★fare le ore piccole：夜更かしする。
★di nuovo：また、再び。
★fare tardi：帰宅が遅くなる、(用事などで)遅くなる (⇒ 205)。

239 Non lo vedo da un po'.
［ノン・ロ・ヴェード・ダ・ウン・ポ］
▶ 最近彼に会ってないなあ。

A : A proposito, come sta Paolo?
B : Non lo so... **Non lo vedo da un po'.**

*A : ところで、パオロは元気かな？
B : さあ…。最近彼に会ってないから。

★a proposito：ところで (⇒ 30)。
★Non lo so.: さあね。直訳は「私はそれを知らない」。
★da un po': ここのところ、しばらく、最近。直訳は「ちょっと前から、しばらく前から」。non と組み合わせて、「最近〜してないなあ」と言うのに便利な表現。

240 Ti chiamerò uno di questi giorni.
［ティ・キヤメロ・ウノ・ディ・クゥウェスティ・ジョールニ］
▶ 近いうちに電話します。

A : Di questo problema volevo parlare con te con calma. **Ti chiamerò uno di questi giorni.**
B : Va bene, allora aspetto la tua telefonata.

A : この問題については、きみとゆっくり話したいと思っていたんだ。近いうちに電話するよ。
*B : わかった、じゃあ、電話待ってるね。

★con calma：ゆっくりと、落ち着いて。
★uno di questi giorni：近いうちに。直訳は「これからの日々のうちの一日に」。いつとははっきり言えないが、近日中であることを表現する。

CAPITOLO 4

241 Ti dispiace se ti chiamo dopo?
[ティ・ディスピヤーチェ・セ・ティ・キヤーモ・ドーポ]
▶ あとでかけ直してもいい？

A : Scusa Anna, ma mi sta chiamando mio padre. **Ti dispiace se ti chiamo dopo?**
B : No, no, va benissimo. Allora ci sentiamo più tardi.

　A：アンナ、ごめん、お父さんが呼んでるから、あとでかけ直してもいい？
*B：もちろんいいよ。じゃあ、またあとでね。

★chiamare：〜を呼ぶ；〜に電話をかける。
★Ti dispiace se ...?：〜してもいいですか？「〜したらいやですか？」という意味なので、問題なければ No. と返事する。
★sentirsi：互いに声を聞き合う、互いに話をする（⇒ 327 ）。
★più tardi：もっとあとで。

242 È che sono un po' stanco.
[エ・ケ・ソノ・ウン・ポ・スタンコ]
▶ ちょっと疲れてるんです。

A : Perché non vieni al mare con noi? Se non hai il costume, te lo possiamo dare noi, eh?
B : No, non è questo. **È che sono un po' stanco.**

*A：どうして私たちと一緒に海に来ないの？　水着がないなら、貸せるけど？
　B：いやそうじゃなくて、ちょっと疲れてるんです。

★costume (da bagno)：水着。
★dare（与える）は日常生活のちょっとしたもの（ペンなど）を貸す場合に、prestare（貸す）よりもよく使われる。例：Mi dai la penna?（ペンを貸してくれない？）
★È che ...：〜ということなんです。perché（なぜなら）を使うほどでもなく、軽く理由を説明したい場合に使える便利な表現。

243 Sento una stanchezza che non ti dico.
[セント・ウナ・スタンケッツァ・ケ・ノン・ティ・ディーコ]
▶ もう疲れてるのなんのって。

A: Carla, ma cos'hai? Stai male?
B: Ma guarda, **sento una stanchezza che non ti dico**.

　A: カルラ、どうしたの？　具合悪いの？
＊B: いやもう、疲れているのなんのって。

★guarda: あのね（⇒ 4 ）。

★stanchezza: 疲労。直後の che non ti dico の che は関係代名詞で、「（あえて）きみに言わない（が、すごい）疲れ」つまり「ものすごい疲れ」を意味する。

244 Mi ha sbattuto il telefono in faccia.
[ミヤ・ズバットゥート・イル・テレーフォノ・イン・ファッチャ]
▶ 電話をガチャンと切られてしまった。

A: Volevo parlare ancora con lei ma **mi ha sbattuto il telefono in faccia.**
B: Ma sai, lei è un po' così.

　A: もう少し彼女と話したかったのに、電話をガチャンと切られてしまった。
＊B: まあ、彼女ってちょっとそういうところがあるからね。

★sbattere il telefono in faccia a ...：〜に対して電話をがちゃんと切る。相手が用件を伝えきる前に一方的に通話を終わらせることを指す。il telefono（電話）を la porta（ドア）に換えた表現もある。例: Mi ha sbattuto la porta in faccia.（ドアを一方的にバタンと閉められてしまった。）

CAPITOLO 4　107

Capitolo 5

お願い・命令 フレーズ

依頼や指示、禁止の表現を学んでみよう。
ほかにも、「遠慮しないで」と促したり、
「落ち着いて」となだめたり、
命令の形を使っていろんなことが表現できます。

245 cortesemente
[コルテーゼメンテ]
▶ 恐れ入りますが

A: Banca ABC, buongiorno.
B: Buongiorno. Senta, **cortesemente** avrei bisogno di un'informazione.

*A: はい、ＡＢＣ銀行です。
B: こんにちは。あの、すみませんが、ひとつお尋ねしたいのですが。

★senta: あの。動詞 sentire (聞く) の lei に対する命令法 (⇒ 7)。

★cortesemente: 恐れ入りますが、すみませんが。依頼の表現の頭につけられることが多い。形容詞 cortese (親切な、丁重な) に -mente がついた副詞。

★avere bisogno di ...: 〜が必要である。avrei は avere の条件法現在で、婉曲な言い方になる。

246 Attento!
[アッテント]
▶ 気をつけて！

A: Attraversiamo la strada?
B: Sì, ma **attento** alle macchine!

A: 道を渡ろうか？
*B: うん、でも車に気をつけて！

★attraversare: 渡る。

★stare attento (a ...): (〜に) 注意する、気をつける。この表現を tu に対する命令法で言うと、Sta' attento. または Stai attento. となるが、動詞 stare (〜な状態である) を省略し、形容詞 attento (注意した) のみでも命令の意味を表すことができる。例: Attenta ai gradini!〈女性１人に対して〉段差に気をつけて！）

247 Sbrigati!
[ズブリーガティ]
▶ 急いで！

A: Giovanni, **sbrigati!** Se no, non facciamo in tempo a prendere il treno!
B: Sì, Caterina, ancora due minuti e sarò pronto!

*A: ジョヴァンニ、急いで！　でないと電車に乗り遅れるよ！
B: わかったよ、カテリーナ。あと２分で準備できるから！

★sbrigarsi: 急ぐ。sbrigati は tu に対する命令法。

★fare in tempo a + 不定詞: 〜するのに間に合う。

★essere pronto: 準備ができている。sarò は essere の未来形。

110　CAPITOLO 5

248 Tranquilla.
［トランクゥウィッラ］
▶ 気にしないで／落ち着いて。

CHECK✓

A : Davvero non volevo disturbarti, ma alla fine non sapevo più a chi chiedere aiuto...
B : Ma **tranquilla**. Mi fa piacere poter fare qualcosa per te.

*A： 本当に、あなたには迷惑をかけたくなかったんだけど、もう誰に助けを求めていいかわからなくなってしまって…。
B： そんな、気にしないでよ。きみの役に立てるならうれしいよ。

★disturbare：〜の手を煩わせる、〜に面倒をかける。

★alla fine：結局のところ。

★a chi chiedere aiuto：誰に助けを求めるべきか。chi などの疑問詞のあとに不定詞を続けると、不定詞に「〜すべき」というニュアンスが加わる。

★tranquillo：落ち着いた、安心した。ここでは、命令文 Stai tranquillo.（落ち着いて）から動詞 stare（〜な状態でいる）が省かれた形で使われている。お礼への返答としても使うことができる。

★mi fa piacere + 不定詞：〜するのは私の喜びだ。

249 Falla finita!
［ファッラ・フィニータ］
▶ やめなさい！

CHECK✓

Madre : Stefano, ancora con i videogiochi?! Ma **falla finita!**
Figlio : Ma dai, mamma. Ci manca poco per trovare la chiave... Dai, solo cinque minuti...

母： ステーファノ、まだテレビゲームをしてるの？ もういい加減にやめなさい！
子： そんなー、お母さん。もう少しで鍵が見つかるんだよ…。お願い、5分だけだから…。

★videogiochi：テレビゲーム。

★farla finita：いい加減にしておく、やめる。fare の tu に対する命令法 fa' に la（そのことを；ただしここでは具体的な意味なし）がつくと、l が2つ重なる。voi に対しては Fatela finita. となる。

★Ci manca poco per + 不定詞：もうすぐ〜できる、もう少しで〜するところだ。

250 Mi raccomando!
［ミ・ラッコマンド］
▶ 頼むよ！

A: Al supermercato prendi anche il latte. Ma non quello scremato, **mi raccomando!**
B: Va bene, non ti preoccupare.

*A: スーパーでは牛乳も買ってきて。でも低脂肪のは買わないでね、わかった？
 B: わかったよ。大丈夫だって。

★scremato: 低脂肪の。直前の quello（それ）は il latte（牛乳）を繰り返さないための代名詞。
★Mi raccomando!: お願いだよ、いい？ 頼むよ！ 不定詞は raccomandarsi（厚遇を願う、懇願する）。
★Non ti preoccupare.: 心配しないで（⇒ 260 ）。

251 Ti prego.
［ティ・プレーゴ］
▶ お願いだから。

Figlio: Ma mamma, non possiamo mica lasciare questo micio per strada. **Ti prego!**
Madre: Va bene... Ma devi occuparti tu di lui, capito?

子: でもお母さん、この猫ちゃんを道ばたに置き去りにするわけにはいかないよ。お願いだから！
母: しょうがないね…。でもあなたが世話しなさいよ、いい？

★non ... mica:（言っておくけど）〜というわけじゃないんだからね。mica は口語的な否定の語。
★micio: 猫ちゃん。
★Ti prego!: お願いだから。何かを買ってほしい、認めてほしいなど、懇願するときに便利なフレーズ。prego の不定詞は pregare（お願いする、頼む）。
★occuparsi di ...: 〜の世話をする。
★Capito?: わかった？ 近過去の助動詞 hai が省略された形。

112　CAPITOLO 5

252 Per cortesia.
［ペル・コルテズィーヤ］
▶ お願いします。

A: **Per cortesia,** mi sa dire che cosa devo fare adesso?
B: Deve compilare questo modulo in tutte le sue parti.

*A: すみません、今度は何をしたらいいか教えていただけますか？
B: この書類の欄をすべて埋めてください。

★per cortesia: お願いします。per favore よりもやや改まった印象。per piacere という言い方もある。ただし、名詞に添えて「～をください」と言う場合は per favore を使うのが普通。
★compilare: 記入する。
★modulo: （申請などの）用紙。in tutte le sue parti の直訳は、「そのすべての部分において」。

253 Per carità.
［ペル・カリタ］
▶ 誤解なきようお願いします。

A: Milena canta ancora bene, **per carità,** ma non ha più la stessa espressività di prima.
B: Forse hai ragione.

*A: ミレーナの歌唱は今でもすばらしい。なにもそれを否定するわけじゃないよ、でも昔の豊かな表現は、もう見られないね。
B: うん、そうかもしれない。

★per carità: 頼むからやめてください。ここでは、「私がそれを否定するような、極端なことを言っていると受け取るのはやめてくださいね」という意味で使われている。carità の原義は「慈愛、恩情」。per carità はしばしば否定の文脈（例：「その話はしないで」「騒ぎ立てないで」）で使われる。
★non ... più: もはや～ない。
★avere ragione: 言っていることが正しい（⇒ 27 ）。

254 Al ladro!
[アル・ラードロ]
▶ 泥棒！

A: **Al ladro!** Acchiappatelo! Chiamate la polizia!
B: In quale direzione è scappato, signora?

>*A：泥棒！　つかまえて！　警察を呼んで！
> B：どちらの方向に逃げて行きましたか？

★ladro: 泥棒。「あっ、泥棒！」と叫ぶときには Al ladro! と言う。
★acchiappare: つかまえる。
★chiamare la polizia: 警察を呼ぶ。
★in quale direzione: どの方向に。

255 Fatti sentire.
[ファッティ・センティーレ]
▶ 連絡ちょうだいね。

A: Va bene, allora salutami tanto Paolo.
B: D'accordo. **Fatti sentire** ancora! A presto, ciao!

>*A：じゃあ、パオロにどうぞよろしくね。
> B：わかった。また連絡してね！　近いうちに、じゃあ！

★Va bene.: 別れ際によく使われ、「もう用件が終わった」ニュアンスを表す。
★salutare: ～にあいさつする、～によろしく伝える (⇒ 259)。
★farsi sentire: （自分から）連絡をとる。直訳は「自分の声を（他人に）聞かせる」。使役の fare（～させる）の tu に対する命令法 fa' に再帰代名詞 ti がつくと、t を 2 つ重ねて fatti となる。Fatti sentire. の形で、別れ際、電話や手紙の最後でよく使われる。

256 Lascia stare.
[ラッシャ・スターレ]
▶ 放っておきなさい。

Figlio : Adesso voglio giocare col micio.
Madre : Ma **lascia**lo **stare**. Sta dormendo.

>子：これから猫と遊びたいなあ。
>母：そんな、そっとしてあげて。寝てるじゃない。

★col: ～と。con + il の結合形だが、con il と言っても OK。
★lasciare stare: 放っておく、かまわないでおく。lo（それを）は il micio（猫を）を受ける代名詞。似たような表現に、lasciare in pace（そっとしておく、穏やかな気持ちのままでいさせる）、lasciar perdere（かまわないでおく、気にしないでおく）があり、いずれも tu に対する命令の形でよく使われる。

257 **Non esageriamo.**
[ノネザジェリヤーモ]
▶ **先走るのはよそう／まだわからないよ。**

A: E poi così faremo tantissimi soldi, potremo comprare una villa lussuosa nei Caraibi…
B: Ma **non esageriamo.** Non abbiamo ancora realizzato nemmeno uno di tutti questi progetti.

　A：それでそんなふうにして大金を儲けて、カリブ海に豪邸を買えるね…。
*B：でもまだわかんないって。いろんなプロジェクトのうち、まだひとつも実現できてないんだよ。

★fare tanti soldi：大金を儲ける。

★nei Caraibi：カリブ海に。

★esagerare は「大げさなことを言う、度を超す」を意味する。この会話例では、noi に対する否定命令 Non esageriamo. で、「どうなるのかわからないのに、大げさなことを言うのはよそう」という意味で使われている。

258 **Non scherziamo!**
[ノン・スケルツィヤーモ]
▶ **冗談じゃない！**

A: Lo vogliono come presidente? Ma **non scherziamo!**
B: Eppure sembra che vogliano metterlo davvero alla presidenza.

*A：彼を会長にしようとしているですって？　冗談じゃない！
　B：でも、本当に会長の座につけようとしているみたいだよ。

★volerlo come presidente：彼に会長になってほしいと願う。

★Non scherziamo!：冗談じゃない！　scherzare（冗談を言う）の noi に対する否定命令で、直訳は「冗談を言うのはやめましょう」。

★eppure：しかしながら、そうは言っても。

★presidenza：会長の職、会長のポスト。

259 Salutami i tuoi.
[サルゥータミ・イ・トゥウォーイ]
▶ ご両親によろしく。

A: Grazie di tutto! Non dimenticherò mai i giorni passati con te. **Salutami i tuoi,** mi raccomando!
B: Te li saluto senz'altro. Allora buon viaggio!

*A: いろいろどうもありがとう！ あなたと過ごした日々、絶対忘れないから。ご両親によろしく伝えておいてね、頼んだよ！
B: もちろん伝えておくよ。じゃあ、気をつけてね！

★salutare: 〜にあいさつする。tu に対する命令法 saluta に mi (私の代わりに) をつけて salutami ... と言うと、「〜によろしく伝えてね」という表現になる。また、Te li saluto. は「きみの代わりに彼らにあいさつしておくよ」の意。

★i tuoi: きみの両親。genitori (両親) を省略した表現で、i miei (私の両親)、i suoi (彼 [彼女] の両親) などと言う。

★Mi raccomando!: お願いしますよ、頼むよ (⇒ 250)。

★senz'altro: もちろん。

260 Non ti preoccupare.
[ノン・ティ・プレオックゥパーレ]
▶ 心配しないで／気にしないで。

A: Scusami Daniele, ieri sera ero molto stanca e mi sono scordata di chiamarti.
B: Ma **non ti preoccupare.** Non fa niente.

*A: ごめんね、ダニエーレ、昨日の夜とても疲れてて、あなたに電話するのを忘れちゃった。
B: いや、気にしないで。たいしたことじゃないから。

★scordarsi di + 不定詞: 〜するのを忘れる。

★preoccuparsi: 心配する。tu に対する否定命令では不定詞を使うが、再帰代名詞は ti に変える必要があり、Non ti preoccupare. または Non preoccuparti. と言う。lei に対しては Non si preoccupi. ／ voi に対しては Non preoccupatevi. となる。

★Non fa niente.: 何でもない、大丈夫だ。謝罪に対する返事としてよく使われる。

261 Un attimo solo.
［ウナッティモ・ソーロ］
▶ ちょっとだけ待って。

A: Giorgio, vieni! Andiamo!
B: **Un attimo solo** che finisco questo.

*A: ジョルジョ、おいで！　もう行こうよ！
B: ちょっとだけ待って、これを終わらせるから。

★un attimo: 一瞬。「少し待って」という意味でよく使われる表現。solo がつくと「ちょっとだけ待って」。直後に軽く理由を表す che (〜なので) を伴い、なぜ待ってと頼んでいるのかを説明することができる。

262 Toglimi una curiosità.
［トッリミ・ウナ・クゥリオズィタ］
▶ ひとつ聞いていいかな。

A: Yusuke, ma **toglimi una curiosità**. In Giappone si mangia sempre il riso?
B: Ma no. Mangiamo anche il pane o la pasta.

*A: 祐介、ちょっとひとつ聞いていい？　日本ではいつもお米を食べるの？
B: いや、そんなことないよ。パンとかパスタを食べることもあるよ。

★Toglimi una curiosita.: ひとつ聞いていいかな。togli は togliere (取り去る) の tu に対する命令法。mi (私から) と una curiosità (気になっていること) が続いて、「私から気になっていることをひとつ取り除いて」。

263 Non ti disturbare.
［ノン・ティ・ディストゥルバーレ］
▶ わざわざいいよ。

A: Ha cominciato a piovere. Dai, ti accompagno in macchina.
B: Grazie, ma **non ti disturbare.**

A: 雨が降り出した。ほら、車で送ってくよ。
*B: ありがとう。だけど大丈夫だから。

★cominciare a + 不定詞: 〜し始める。

★disturbarsi: 何かをわざわざする。Non ti disturbare. は tu に対する否定命令で、直訳は「わざわざそうしないで」。Non disturbarti. と言っても OK。lei に対してなら Non si disturbi. となる。

CAPITOLO 5

264 Non rimanerci male.

[ノン・リマネルチ・マーレ]
▶ 気を悪くしないで。

A : Lui è stato cattivo a rimproverarmi così, davanti a tutti.
B : Dai, **non rimanerci male.** È uno che non sa nemmeno quello che dice.

*A : みんなの前で、私をあんなふうに叱るなんて。彼はひどいわ。
B : でも、気分を害さないほうがいいよ。彼は自分が何を言っているかもわかってないんだし。

★cattivo: 意地が悪い、ひどい。

★rimproverare: 叱る、非難する、責める。

★rimanerci male: 気分を害す、機嫌を損ねる。ci は「その状況に対して、その状況において」くらいの意味。「いやな思いをする」というニュアンスで、現在形でも近過去でもよく使う表現。例: Ci sono rimasta molto male. (私はとてもいやな思いがした。) / Non dirgli questa cosa, se no ci rimane male. (彼にはこんなことは言わないほうがいいよ。でないと、気を悪くするよ。)

265 Non ti scandalizzare.

[ノン・ティ・スカンダリッツァーレ]
▶ びっくりしないでね。

A : Grazie per essere venuta. Ma **non ti scandalizzare** per la confusione che c'è in questo momento a casa nostra. Non abbiamo ancora finito i preparativi per il trasloco.
B : Stai tranquillo.

A : 来てくれてありがとう。今うちがすごく散らかってるけど、びっくりしないでね。まだ引越しの準備が終わってないんだ。
*B : 気にしないで。

★Grazie per essere [aver] + 過去分詞: 〜してくれてありがとう。per の代わりに di を使っても OK。

★scandalizzarsi per ...: 〜に眉をひそめる、びっくりする、憤慨する、騒ぎ立てる。

★stare tranquillo: 安心する (⇒ 248)。

266 Non avere paura.
［ノナヴェーレ・パウーラ］
▶ こわがらないで。

A : Mi fa molta paura l'idea di lanciarmi in questa nuova avventura.
B : Dai, **non avere paura.** Ci sono io, no?

*A：こんな新しいことに挑戦するって考えると、とってもこわいなあ。
　B：そんな、こわがることはないよ。ぼくもついてるし。

★fare paura a ...：〜をこわがらせる。paura は「恐怖」の意。会話例での主語は l'idea di lanciarmi（打って出るという考え）。
★lanciarsi：思い切って打って出る。
★avventura：冒険、新たな試み、挑戦。
★avere paura：こわがる、恐れる。

267 Non fare complimenti.
［ノン・ファーレ・コンプリメンティ］
▶ 遠慮しないでね。

A : Vuoi un altro po' di vino? Mi raccomando, **non fare complimenti!**
B : D'accordo, signora. Allora prendo un altro goccio.

*A：ワインをもう少しいかが？　どうぞ、遠慮しないでね。
　B：わかりました。では、あと少しいただきます。

★un altro po'（di ...）：（…の）お代わり。un altro は「もうひとつの」の意。
★Mi raccomando!：頼みますよ、お願いしますよ（⇒ 250）。
★fare complimenti：遠慮する。Non fare complimenti.（遠慮しないで）は tu に対する否定命令。
★un altro goccio：（ワインなどの）少量のお代わり。goccio は「しずく」の意。

CAPITOLO 5　119

268 Potresti spiegarti meglio?

[ポトレスティ・スピエガルティ・メッリョ]

▶ もっとよく説明してくれる？

A : Sarà che sono pignola, ma per certe cose i dettagli sono importanti.
B : Non ho capito bene dove vuoi arrivare. **Potresti spiegarti meglio?**

*A : 私が神経質なだけかもしれないけど、細部が重要なケースもあるのよ。
　B : いまいち話がわからないな。もっとよく説明してくれる？

★Sarà che sono ...：（私が）〜なだけかもしれないけれど。直説法現在で È che sono ... なら「私が〜なんです、私が〜ということなんです」だが、未来形 sarà を使うと、現在の物事に関する推測のニュアンスが加わって、「〜ということなんでしょうけど」という意味に変わる。

★pignolo：重箱の隅をつつくように細かい、神経質な。

★dove vuoi arrivare：きみが議論の結論としたい地点。

★spiegarsi meglio：自分の言いたいことをもっとよく説明する。

269 Fai come ti pare.

[ファイ・コメ・ティ・パーレ]

▶ 好きなようにして。

A : Ecco, questo è il mio consiglio, poi **fai come ti pare**.
B : Grazie del consiglio, ne farò tesoro.

*A : そう、これが私のアドバイスだけど、でも好きなようにしたらいいよ。
　B : アドバイスをありがとう、参考にするよ。

★Fai come ti pare (e piace).：きみがいいと思えるようにしなさい、好きなようにしなさい。pare の不定詞は parere（〜のように見える）で、ここでは「よいように見える」というニュアンス。

★Grazie di ...：〜をありがとう。

★fare tesoro di ...：〜をしっかり受けとめて機会があれば生かそうとする、〜を大切に聞く。ne は del tuo consiglio を受ける代名詞。

270 Posso chiederti un favore?
[ポッソ・キエーデルティ・ウン・ファヴォーレ]
▶ 頼みたいことがあるんだけど。

A: Paolo, **posso chiederti un favore?**
B: Sì. Di che cosa si tratta?

*A: パオロ、頼みたいことがあるんだけど。
B: うん。どんなことかな？

★chiedere un favore a ＋ 人: ～に頼みごとをする。Posso chiederti un favore? は「きみに頼みごとをしてもいいだろうか」の意。類義表現に、Avrei un favore da chiederti.（できればお願いしたいことがあるんだけど）や Mi fai un favore?（頼まれてくれるかな）がある。
★trattarsi di ...: （話題や用件が）～についてのことである（⇒ 342 ）。

271 Può parlare più lentamente?
[プゥウォ・パルラーレ・ピゥ・レンタメンテ]
▶ もっとゆっくり話していただけますか？

A: Scusi, ma non ho capito molto bene. **Può parlare più lentamente?**
B: Sì, certo. Allora stavo dicendo che...

*A: すみません、よくわかりませんでした。もっとゆっくり話してもらえますか？
B: もちろんです。ですから、私が申し上げていたのは…。

★più lentamente: もっとゆっくり。「もっと小さな声で［大きな声で］」なら più piano［forte］と言う。例: Può parlare più forte?（もっと大きな声で話してもらえますか？）
★stavo dicendo che ...: （私は）～と言っている最中だった。dire の過去進行形。

272 Non essere così polemico.
[ノネッセレ・コズィ・ポレーミコ]
▶ 角が立つような言い方はやめて。

A: Dai, **non essere così polemico.** Stiamo solo parlando per capire come possiamo migliorare la situazione, no?
B: Hai ragione, scusami.

*A: ほら、そんなに角が立つ言い方をしないで。どうやったら状況を改善できるかを探るために話し合いをしているんだよ？
B: そうだったね、ごめん。

★polemico: 論争的な、挑戦的な。essere polemico は「角が立つような言い方をする、くってかかるような言い方をする」の意。
★migliorare: 改善する。

273 **Non prendermi in giro.**
［ノン・プレンデルミ・イン・ジーロ］
▶ ばかにしないで。

A : **Non prendermi in giro.** So che questi dati sono tutti falsi.
B : Ma io non ti sto prendendo in giro.

　　*A : そんなもので私をだませるとでも思ってるの？　このデータが全部嘘だって、知ってるんだからね。
　　 B : いや、そんなだますつもりでは…。

★prendere ＋ 人 ＋ in giro：〜をばかにする、〜をからかう。会話例のように、「このくらいでだませるだろう、と甘く見て欺こうとする」という意味もある。
★falso：偽の、嘘の。

274 **Si può sapere il perché?**
［スィ・プゥウォ・サペーレ・イル・ペルケ］
▶ 理由を説明してください。

A : Ma signora, non si può più fare questo tipo di richiesta.
B : Ma come?! **Si può sapere il perché** di questo cambiamento?

　　 A : あのですね、この手の申請はもうできないんです。
　　*B : 何ですって?!　その変更の理由をちゃんと説明してください。

★questo tipo di ...：この種の〜。richiesta は「リクエスト、要望、申請」の意。
★Si può sapere il perché di ...?：〜の理由をきちんと説明してください。受け身・非人称のsiを用いて、「当然〜されてしかるべきである」という気持ちを表現できる。会話例のように、perché は男性名詞として「理由」の意味で使われることもある。

Capitolo 6
遊び・食事 フレーズ

友だちと街に出かけたり、
食事に行ったり、買い物したり。
そんな場面で役立つ表現を集めました。
旅行中に使える表現も満載です。

275 **Vado?**
[ヴァード]
▶ いくよ？／始めていい？

A: Devi solo schiacciare questo bottone.
B: D'accordo. Allora, **vado?** Sorridete... cheese...

　*A: このボタンを押してくれればいいからね。
　　B: わかった。じゃあ、いくよ？　はい、笑って…チーズ…。

★schiacciare: 押す。devi solo ... は「(きみは)〜しさえすればいい」の意。
★Vado?: いくよ？　始めていい？　何らかの動作を始めていいか、確認するための表現。
★sorridere: 微笑む。sorridete は voi に対する命令法で、写真を撮るときの定番表現 (tu に対しては sorridi)。若い世代では、英語や日本語と同じように cheese と言う人もいるが、年配の人々にはあまり馴染みがないようだ。

276 **Buon proseguimento.**
[ブゥウォン・プロセグゥウィメント]
▶ よい旅の続きを。

A: Non so come ringraziarvi per la vostra ospitalità! Grazie di tutto!
B: Ma per noi è stato un piacere! Allora, **buon proseguimento!**

　*A: 滞在中、親切にしてくださって、どうお礼を言ったらいいか…。いろいろどうもありがとう！
　　B: ぼくらもとっても楽しかったよ！　じゃあ、旅の続きを楽しんでね。

★non sapere come + 不定詞: どうやって〜すべきかわからない (⇒ 73)。
★ospitalità: ホスピタリティー。家に泊めてもらっている最中のもてなし。
★È stato un piacere.: 楽しいことであった。è stato は essere の近過去。
★proseguimento: (旅や冒険などの)続き。Buon proseguimento. の直訳は「よい続きを」。旅行などを続ける人への別れのあいさつによく添えられる表現。

124　CAPITOLO 6

277 Porti via?
［ポルティ・ヴィーヤ］
▶ **テイクアウトですか？**

A: Per me un pezzo di pizza margherita, per favore.
B: Mangi qui o **porti via?**

　　A：ぼくにはピッツァ・マルゲリータを1切れお願いします。
　*B：こちらで食べますか、テイクアウトですか？

★un pezzo: 1切れ。学生街には pizza al taglio（切り売りピザ）の店が多く、ピザまるごと1枚ではなく切り分けたものを安く買える。
★portare via: テイクアウトする。

278 Buon appetito.
［ブゥウォナッペティート］
▶ **いただきます／おいしく召し上がれ。**

A: Sembra buonissimo. **Buon appetito.**
B: **Buon appetito.**

　　A：わあ、おいしそう。いただきます。
　*B：いただきます。

★sembrare: 〜のように見える。
★Buon appetito.: 直訳は「よい食欲を」。相手がおいしく食事できるように祈るフレーズなので、自分は食べない場合にも使う。例: Buon appetito. — Grazie.（おいしく召し上がれ。—ありがとう。）

279 Ci voleva!
［チ・ヴォレーヴァ］
▶ **身にしみるありがたさだね。**

A: Com'è buona questa spremuta d'arancia!
B: Eh sì, **ci voleva!** Ma che camminata che abbiamo fatto sotto il sole!

　　A：このフレッシュオレンジジュース、おいしいね！
　*B：そうだね、身にしみるね！　それにしても暑い中よく歩いたこと！

★spremuta: 搾りたてのジュース。
★Ci voleva.: それが必要であった。volerci（必要だ）の直説法半過去。飲みものや涼しい空気などが、そのときの状況からしてとてもありがたく、「そうそう、これがないとね！」と言いたくなるようなときに使う。

280 Eccoci arrivati.
［エッコチ・アッリヴァーティ］
▶ さあ着いた。

A : **Eccoci arrivati.**
B : Che bello! Non vedevo l'ora di venire al mare!

　　A：さあ着いたよ。
　＊B：素敵！　海に来るのが楽しみだったんだ！

★Eccoci arrivati.: さあ着きましたよ。ci は「私たち」の直接目的語の代名詞。全体を直訳すると「さあ、到着した私たちですよ」。

★Che bello!: なんてすばらしい！　なんて素敵！　ここでは、「海にこうして来れたことが素敵」と言っている。

★non vedere l'ora di + 不定詞：〜するのを楽しみにしている（⇒ 106 ）。

281 Pago io.
［パーゴ・イヨ］
▶ おごるよ。

A : Dai, oggi **pago io.**
B : Sul serio? Allora, grazie!

　　A：あのさ、今日はぼくがおごるよ。
　＊B：ほんとに？　じゃあ、ありがたくお願いするよ。

★dai: ほら、さあ。軽く励ましたり、促したりする間投詞だが、ここでは「まあ、ここは任せて」という気持ちがこもっている。

★pagare: 支払う。主語を強調するため動詞のうしろに置くと、「私が払うよ」、つまり「おごるよ」と表現できる。動詞 offrire（ごちそうする）を使って、Ti offro io la cena.（夕食は私がおごるよ）などと表現することもできる。

282 Quanto viene?
［クゥワント・ヴィエーネ］
▶ いくらですか？

A : **Quanto viene** in tutto?
B : Sono ottanta euro, signora.

　＊A：全部でおいくらでしょうか？
　　B：80 ユーロです。

★Quanto viene? 以外に、金額を尋ねる言い方には、costare（値段がかかる）を使った Quanto costa [costano]? のほか、venire や essere を使う表現がある。例：Quanto vengono queste scarpe?（この靴、おいくらですか？）/ Quant'è?（いくらですか？）

★in tutto: 全部で。

126　CAPITOLO 6

283 Fammelo assaggiare.
［ファンメロ・アッサッジャーレ］
▶ **味見させて。**

A: Questo vino sa di aceto.
B: Davvero? **Fammelo assaggiare.**

 A: このワインは酢みたいな味がするなあ。
*B: 本当？　私にも味見させて。

★sapere di ...：〜の味がする、〜の風味がする。例：Questo formaggio sa di muffa.（このチーズはカビくさい。）/ Questo vino sa di mare.（このワインは海を思わせる味がする。）

★farlo assaggiare a ...：〜にそれを味見させる。fammelo は fare（〜させる）の tu に対する命令法 fa' + mi（私に）+ lo（それを）。

284 Quanto vi devo?
［クゥワント・ヴィ・デーヴォ］
▶ **いくらですか？**

A: Allora **quanto vi devo** per un cappuccino e un cornetto?
B: Sono due e sessanta.

 *A: カプチーノ1杯とクロワッサン1個をいただきました。全部でおいくらですか？
 B: 2ユーロ60セントです。

★Quanto vi devo?：（私は）あなた方にどれくらい支払うべきか。動詞 dovere（〜を負っている）を使って、支払うべき金額を尋ねることができる。飲食したものを per のあとに続ければ OK。イタリアのバールでは先払いのところと後払いのところがあり、後払いの場合に使うフレーズ。

★金額を述べるとき、会話では通貨単位を省略することが多い。この会話例では euro（ユーロ；単複同形）も centesimi（セント；単数形は centesimo）も省略されている。省かずに言えば due euro e sessanta centesimi となる。

CAPITOLO 6

285 Dividiamo il conto.
［ディヴィディヤーモ・イル・コント］
▶ 割り勘にしよう。

A: Oggi **dividiamo il conto.**
B: Va bene. Allora... sono quindici euro a testa.

*A: 今日は割り勘にしよう。
B: わかった。じゃあ…一人15ユーロだね。

★dividere il conto: 会計を割る。pagare alla romana（ローマ風に支払う）という表現を使ってPaghiamo alla romana.（割り勘にしよう）と言うこともできる。この表現は、「合計額を頭割りする」場合のほか、「各自が飲食したものを各自で支払う」場合にも用いる。

★a testa: 一人あたり、一人につき。testa は「頭」。

286 Ho bevuto troppo.
［オ・ベヴート・トロッポ］
▶ 飲みすぎた。

A: Com'è andata la festa di ieri? Ti sei divertito?
B: Sì, ma **ho bevuto troppo.** Adesso ho mal di testa...

*A: 昨日のパーティーはどうだった？ 楽しかった？
B: うん、でも飲みすぎちゃった。今、頭痛がする…。

★divertirsi: 楽しむ。

★bere troppo: 飲みすぎる。bevuto は bere（飲む）の過去分詞。イタリア語では、「二日酔いだ」に完全に対応する口語表現はないが、「飲みすぎた」「頭が痛い」などと言って表現できる。

287 A posto così.
［ア・ポスト・コズィ］
▶ もうこれで結構です。

Cameriera : Allora, tutto a posto? Un caffè?
Cliente : No, grazie. **A posto così.**

*給仕係: 何も問題ないですか？ コーヒーをお持ちしましょうか？
客: いえ、もうこれで結構です。

★Tutto a posto.: 万事順調だ（⇒ 145）。レストランでは、「食事はどうですか、問題ないですか？」という意味で、よくこのように声をかけられる。

★A posto così.: このような状態で完璧です→ほかには何もいりません。店で「ほしいものは以上です」「袋はいりません、このままで結構です」という意味でも使える。

128 CAPITOLO 6

288 Vengo a prenderti.
[ヴェンゴ・ア・プレンデルティ]
▶ 迎えに行くよ。

A: **Vengo a prenderti** alle sette. Fatti trovare davanti alla chiesa, va bene?
B: Sì, grazie. A dopo.

　　A：７時に迎えに行くよ。教会の前にいてね。いい？
　　*****B**：うん、ありがとう。じゃあ、またあとでね。

★Vengo a prenderti.：（私は）きみを迎えに行く。相手に近づく場合の「行く」は、andare ではなく venire を使う（⇒ 187 ）。
★fatti trovare：（きみは）（～に）いてね。"fare（～させる）の tu の命令法 fa' + 再帰代名詞 ti（きみ自身を）+ trovare（見つける）"→「きみ自身を（他人に）見つけさせるようにしなさい」。

289 Non esci stasera?
[ノネッシ・スタセーラ]
▶ 今夜は遊びに行かないの？

A: Luisa, come mai sei ancora a casa? **Non esci stasera?**
B: No, stasera no. Mi sento un po' stanca.

　　A：ルイーザ、どうしてまだ家にいるの？　今夜は遊びに行かないの？
　　*****B**：うん、今夜は遊びに行かない。ちょっと疲れてる気がする。

★uscire：出かける、遊びに行く。「遊ぶ」と言うとき、giocare が使えるのは主語（または遊ぶ相手）が子どもの場合のみ。若者・大人の場合は、「遊びに行く、外出する」という意味で動詞 uscire を使うほか、andare a trovare ...（～の家に遊びに行く、～に会いに行く；⇒ 304 ）と言ったり、ショッピングや映画などの具体的な遊びの内容を伝えたりする。
★sentirsi stanco：（自分が）疲れているように感じる。

290 Vuoi un passaggio?
[ヴゥウォイ・ウン・パッサッジョ]
▶ **乗せて行ってあげようか？**

A：Vai in centro? **Vuoi un passaggio?**
B：Eh, magari!

　　A：街に行くの？　乗せてってあげようか？
　*B：ありがとう、助かる！

★passaggio：（他人が車やバイクでどこかに行こうとしているところに）同乗すること。動詞 volere（欲する）や dare（与える）と組み合わせて、Vuoi un passaggio?（同乗したい？）/ Mi dai un passaggio?（私を乗せて行ってくれる？）などと使う。
★magari：そうできたらうれしいです（⇒ 18 ）。

291 Vado a curiosare.
[ヴァード・ア・クゥリヨザーレ]
▶ **ちょっとぶらぶらしてくる。**

A：E adesso cosa fai?
B：**Vado a curiosare** un po' tra i negozi.

　　A：で、今から何をするの？
　*B：ちょっとお店を見にぶらぶらしてくる。

★andare a + 不定詞：〜しに行く。
★curiosare：探る。「どんなものがあるだろうかと好奇心を持ちつつ回ってみる」というニュアンス。
★tra i negozi：いろいろな店を。前置詞 tra（〜の間を）は fra と言っても OK。

292 Sono di passaggio.
[ソノ・ディ・パッサッジョ]
▶ **一時滞在しているだけです。**

A：Parli bene l'italiano. Vivi qui in Italia?
B：No, non vivo qui. **Sono di passaggio.**

　　A：イタリア語が上手だね。イタリアに住んでるの？
　*B：いえ、ここに住んでいるんじゃないんです。旅行で来ています。

★parlare bene + 言語名：〜語を上手に話す。
★vivere：暮らす。
★essere di passaggio：一時滞在している、旅行で来ている。

293 Si sta bene.
[スィ・スタ・ベーネ]
▶ 過ごしやすい。

A: Qui l'aria è freschissima.
B: Sì, **si sta** proprio **bene** in montagna.

　A: ここは空気がとっても新鮮だね。
＊B: うん、山は本当に気持ちがいいね。

★fresco: 新鮮な。
★Si sta bene.: 快適である、過ごしやすい。気候や天候が快適な場所についてよく使う表現。「一般的に人は」を表す非人称の si が用いられている。

294 Ti stanno benissimo!
[ティ・スタンノ・ベニッスィモ]
▶ すごく似合ってる！

A: Ecco, per esempio, questi occhiali potrebbero andare bene. Come mi stanno?
B: Guarda, **ti stanno benissimo**!

　A: ほら、たとえば、こんなめがねならいいかも。どう、似合う？
＊B: まあ、とってもよく似合ってるよ！

★andare bene: 用をなす、都合がいい、うまくいく。
★stare bene a + 人: 〜に似合う。服や靴が主語になるので、「きみによく似合う」なら "ti sta bene + 名詞の単数形" または "ti stanno bene + 名詞の複数形" となる。

295 Era in offerta.
[エーラ・イノッフェールタ]
▶ セール品だった。

A: Ho comprato questa maglietta perché **era in offerta**.
B: Dai! È molto carina!

　A: このTシャツ買ったんだ、セールになってたから。
＊B: へえ、とってもいいじゃない！

★maglietta: Tシャツ。
★essere in offerta: 安売りされる、セール品である。offerta は「提供品」の意。
★carino: いい感じの、かわいい (⇒ 306)。

CAPITOLO 6

296 Manca una forchetta.
[マンカ・ウナ・フォルケッタ]
▶ フォークが1本足りません。

Cliente : Scusi, ci **manca una forchetta.**
Cameriera : Ve la porto subito.

　　　客：すみません、フォークが1本足りないのですが。
*給仕係：すぐにお持ちします。

★mancare a ...：～にとって不足している、欠けている。Ci manca una forchetta. の直訳は「私たちにフォークが1本不足している」。あるべきものがないときに使うフレーズ。

★portare：持って行く。ve la は「あなた方にそれ（＝フォーク）を」の意。

297 Te lo presento.
[テ・ロ・プレゼント]
▶ 紹介するよ。

A : Chi è Luca?
B : Non lo conosci? Allora **te lo presento.** Sai, è molto amico di Emma.

　A：ルーカって誰？
*B：知らないの？　じゃあ紹介するね。あのね、エンマとすごく仲がいいんだよ。

★presentare：紹介する。te lo は「きみに彼を」。

★essere molto amico di ＋ 人：～ととても仲がよい。この表現の amico は形容詞で、「仲のよい」の意。主語が女性単数なら è molto amica となる。

298 Si va di qua?
[スィ・ヴァ・ディ・クゥワ]
▶ ここから入ればいいですか？

A : Scusi, per entrare nel parco **si va di qua?**
B : No, signore. Non di qua, di là.

　A：すみません、公園に行くには、ここから入ればいいですか？
*B：いえ、違います。ここからじゃなくて、あちらからです。

★si va：人は進む（ものである）。人一般を表す非人称の si を使っているので、動詞は三人称単数にする。

★di qua：ここから。di qui でも OK。この表現を単独で使って、たとえば洋服店の試着室への行き方を尋ねる際に Di qua?（ここから行けばいいですか？）のように聞くこともできる。di là は「あちらから」の意。

299 Posso avere la ricevuta?
［ポッソ・アヴェーレ・ラ・リチェヴゥータ］
▶ 領収書をいただけますか？

A : Scusi, **posso avere la ricevuta?**
B : Sì, certo. Gliela do subito... Eccola.

　　A : すみません、領収書をいただけますか？
　*B : はい、もちろんです。すぐに用意しますね。…はいどうぞ。

★Posso avere ...?：（私は）〜をいただけますか？

★ricevuta：領収書。タクシーなどで領収書を書いてもらいたいときに使う表現。一方、スーパーやバールなどのレシートは lo scontrino と言う。

★gliela：あなたにそれを。le（あなたに）と la（それを＝領収書を）の結合形。

★ecco：はい、〜をどうぞ。ものを受ける直接目的語の代名詞をうしろにつけて、「はい、〜をどうぞ」と言うことができる。この場合は ricevuta（領収書）を受けた la（それを）が使われている。

300 Le serve un sacchetto?
［レ・セルヴェ・ウン・サッケット］
▶ 袋はご入用ですか？

A : Sono quindici euro. **Le serve un sacchetto?**
B : No, grazie. Metto tutto nello zaino.

　*A : 15 ユーロです。袋はご入用ですか？
　　B : いえ、結構です。すべてリュックに入れますので。

★servire a ...：（物事が）〜にとって役に立つ、必要である。servire を使わずに Vuole un sacchetto?（袋は必要ですか）と聞くこともできる。

★sacchetto：袋、レジ袋。お店で買った商品を入れる袋は、プラスチック、生分解プラスチック、紙などの材質を問わず、sacchetto と言う。busta, bustina も同義語。お土産を配るために、もう一枚袋がほしいとき（とはいえ、イタリアではそういう用途のために袋を多めにもらう習慣はないが）、Posso avere un altro sacchetto?（袋をもう一枚いただけますか？）と聞くことができる。

CAPITOLO 6

301 Posso avere un'altra coperta?
[ポッソ・アヴェーレ・ウナルトラ・コペルタ]
▶ **毛布をもう一枚いただけますか？**

A: Scusi, ho un po' di freddo. **Posso avere un'altra coperta?**
B: Sì, certo. Gliela porto subito.

　　*A: すみません、少し寒いのですが。ブランケットをもう一枚お借りできますか？
　　 B: ええ、もちろんです。すぐにお持ちします。

★avere freddo: 寒く感じる。

★un'altra coperta: もう一枚の毛布。「もうひとつの〜」の言い方、"不定冠詞 + altro" を覚えておこう。

★gliela: le（あなたに）と la（それを＝ブランケットを）の結合形。

302 Come ci mettiamo d'accordo?
[コメ・チ・メッティヤーモ・ダッコールド]
▶ **待ち合わせはどうする？**

A: Va bene, allora domani andiamo al mare con la macchina di Roberto.
B: Sì. Ma **come ci mettiamo d'accordo?** Ci vediamo a casa sua o in centro?

　　 A: よし、じゃあ、明日はロベルトの車で海に行こう。
　　*B: わかった。で、待ち合わせはどうする？　ロベルトの家で会う？　それとも街で？

★mettersi d'accordo: （待ち合わせなどを）相談して取り決める。

303 Sono curiosa di conoscerla.
[ソノ・クゥリヨーザ・ディ・コノッシェルラ]
▶ **彼女と会うのが楽しみです。**

A: Non conosci Sandra? Allora la conoscerai alla festa. È una ragazza davvero simpatica.
B: Ah sì? **Sono curiosa di conoscerla.**

　　 A: サンドラのこと知らないの？　じゃあ、パーティーで知り合えるよ。とっても感じがいい子なんだ。
　　*B: そうなの？　どんな人か楽しみだなあ。

★essere curioso di + 不定詞：〜するのを楽しみにしている。curioso はもともと「好奇心がある」の意。「どんな人［もの、場所］かな、知るのが楽しみだな」というニュアンスを表す。

134　CAPITOLO 6

304 Questo fine settimana cosa fai?
[クゥウェスト・フィーネ・セッティマーナ・コザ・ファーイ]
▶ 今週末は何をするの？

A: Questo fine settimana cosa fai?
B: Vado a trovare mia nonna. Verranno anche i miei cugini.

 A：この週末、何をするの？
*B：おばあちゃんちに遊びに行くよ。いとこたちも来る予定なんだ。

★fine settimana: 週末。単複同形の男性名詞。questo fine settimana (今週末) を最後に置いて、Cosa fai questo fine settimana? と言っても OK。

★andare a trovare ...: 〜に会いに行く、〜の家に遊びに行く。

★verranno: venire (来る) の未来形、三人称複数。cugino は「いとこ」。

305 Per chi fai il tifo?
[ペル・キ・ファイ・イル・ティーフォ]
▶ どのチームを応援してるの？

A: Per chi fai il tifo?
B: Io sono un tifoso della Juve. E te?

*A：どこのチームを応援してるの？
 B：ぼくはユベントスを応援してるんだ。で、きみは？

★fare il tifo per ...: 〜を応援する。Per chi fai il tifo? の直訳は、「誰のために応援しているの？」。例：Io faccio il tifo per la Juve.（ユベントスを応援しています。）

★essere un tifoso di ...: 〜を応援している、〜のファンである。

★E te?: で、きみは？　口語では主語の代名詞 tu の代わりに te を使うことがある。

306 C'è un bar molto carino.
[チェ・ウン・バール・モルト・カリーノ]
▶ すごくいい感じのバールがあるよ。

A: Andiamo a prendere un caffè? Qui vicino c'è un bar molto carino.
B: Sì, volentieri, andiamo!

 A：コーヒーを飲みに行こうか。この近くにすごくいい感じのバールがあるよ。
*B：いいね、行こう！

★carino: いい感じの。多義語で、「かわいい；親切な」という意味でもよく使われる。
★volentieri: 喜んで、ぜひ (⇒ 17)。

CAPITOLO 6

307 Perché non andiamo al cinema?
[ペルケ・ノナンディヤーモ・アル・チーネマ]
▶ 映画に行くのはどう？

A: Sei libera sabato sera? Allora **perché non andiamo al cinema**?
B: Perché no? Mi sembra un'ottima idea.

　　A: 土曜の夜、空いてるの？　じゃあ、映画に行かない？
　*B: いいね！　とってもいいアイデアだと思うよ。

★essere libero: 予定が空いている、暇である。
★Perché non ...?: (noi が主語で) 〜するのはどう？　誘い・提案の表現。
★ottimo: とてもよい。buono (よい) の絶対最上級。buono の絶対最上級には通例の buonissimo と、この特殊な形 ottimo がある。

308 Che cosa danno al cinema?
[ケ・コザ・ダンノ・アル・チーネマ]
▶ 何の映画をやってるかな？

A: **Che cosa danno al cinema** in questo momento?
B: Vediamo un po'. Dunque, all'Odeon danno "Una promessa", allo Zenit "Un giorno a Rio de Janeiro".

　　A: 今、何の映画をやってるんだろうね？
　*B: どれどれ。えーっと、オデオン座では「ある約束」、ゼニット座では「リオデジャネイロでの一日」をやってるね。

★dare: 上映する、上演する。danno と三人称複数になっているのは、主語を曖昧にするため。
★Vediamo un po'.: どれどれ (⇒ 68)。

309 Ci facciamo una foto insieme?
[チ・ファッチャーモ・ウナ・フォート・インスィエーメ]
▶ 一緒に写真を撮らない？

A: **Ci facciamo una foto insieme?**
B: Certo, come no!

　　A: 一緒に写真を撮らない？
　*B: いいね、ぜひ！

★fare una foto: 写真を撮る。farsi una foto insieme で「写真を一緒に撮る」。撮影する対象は a または di で表す。例: Faccio una foto al paesaggio. (風景の写真を撮る。) / Faccio una foto di Susanna. (スザンナの写真を撮る。) ただし、撮影対象に人称代名詞が来る場合、di は使えず、Posso farle una foto? (あなたの写真を撮ってもいいですか？) のように間接目的語の代名詞で表すのが普通。

310 È compresa la prima colazione?

[エ・コンプレーザ・ラ・プリマ・コラッツィヨーネ]
▶ **朝食代も含まれていますか？**

A: Scusi, nel prezzo **è compresa la prima colazione?**
B: Sì, è compresa. La colazione viene servita dalle sette alle dieci nella sala accanto.

*A: すみません、代金には朝食も含まれていますか？
B: はい。朝食は隣の部屋で、7時から10時まで提供しております。

★essere compreso: 含まれる。compreso の代わりに incluso を使っても OK。
★venire servito: 提供される。venire を使った受動態。
★sala: ホール、部屋、ルーム。副詞 accanto（隣に）が形容詞的にかかっている。

311 Rimani a cena con noi?

[リマーニ・ア・チェーナ・コン・ノーイ]
▶ **うちで夕食を食べていかない？**

A: Marisa, **rimani a cena con noi?**
B: Sì, volentieri!

A: マリーザ、うちで夕食を食べていかない？
*B: ええ、ぜひ！

★rimanere a cena con noi の直訳は「私たちとの夕食に留まる」。家に招いた人に、「このまま夕食を食べていかない？」と聞くときに用いるフレーズ。

312 Può fare una confezione regalo?

[プゥウォ・ファーレ・ウナ・コンフェッツィヨーネ・レガーロ]
▶ **プレゼント用に包んでいただけますか？**

A: **Può fare una confezione regalo?**
B: Sì, certo. Allora… ecco fatto. Va bene così?

A: プレゼント用に包んでいただけますか？
*B: もちろんです。…さあできました。こんな感じでよろしいですか？

★fare una confezione regalo: プレゼント用の包装をする。「プレゼント用の」は da regalo と言うが、会話例のように da を省き、名詞 regalo を形容詞的に使うことが多い。
★Ecco fatto.: さあできた（⇒ 193 ）。

CAPITOLO 6　137

313 Ti va di andare in discoteca?
［ティ・ヴァ・ディ・アンダーレ・イン・ディスコテーカ］
▶ ディスコに行かない？

A : **Ti va di andare in discoteca** stasera?
B : No, non mi va tanto. Stasera non me la sento di uscire.

 A：今晩ディスコに行かない？
 *B：うーん、あんまり気乗りしないなあ。今晩は、遊びに出かける気にならない。

★Ti va di + 不定詞?：きみは〜することに気乗りする？
★non sentirsela di + 不定詞：〜する気がしない。

314 Scusami se ti ho fatto aspettare.
［スクゥーザミ・セ・ティヨ・ファット・アスペッターレ］
▶ 待たせてごめん。

A : **Scusami se ti ho fatto aspettare,** ma c'era tanto traffico…
B : Non ti preoccupare. Anch'io sono arrivato da poco.

 *A：お待たせしてごめんね、道がかなり混んでて…。
 B：気にしなくていいよ。ぼくもさっき着いたところなんだ。

★Scusami.：ごめんなさい。scusare（許す）の tu に対する命令法 scusa + mi（私のことを）。se ti ho fatto aspettare（あなたを待たせて）の se は、仮定「もし〜なら」ではなく「〜して」という意味。lei に対して「お待たせして申し訳ありません」と言うなら、Mi scusi se l'ho fatta aspettare. となる。

315 Mi sono chiuso fuori dalla camera.
［ミ・ソノ・キウーゾ・フゥウォーリ・ダッラ・カーメラ］
▶ 部屋から閉め出されました。

A : Scusi, **mi sono chiuso fuori dalla camera.**
B : D'accordo. Qual è il numero della sua camera?

 A：すみません、鍵を部屋に忘れて中に入れなくなりました。
 *B：承知しました。お客様のお部屋は何号室でしょうか？

★chiudersi fuori dalla camera：鍵を中に置き忘れる。オートロックの部屋から閉め出された状態を表す。mi sono chiuso は chiudersi（自分自身を閉じ込める）の近過去。
★Qual è ...?：〜は何ですか？ qual は quale（どれ、何）の最後の e が落ちた形。

Capitolo 7

ビジネス フレーズ

仕事にまつわる表現のほか、
会議や話し合いなど、ビジネスシーンで
使える表現を集めました。

316 Buon lavoro.
［ブゥウォン・ラヴォーロ］
▶ お仕事がんばってください。

A: Bene ragazzi, adesso me ne vado. **Buon lavoro** a tutti!
B: Grazie, ci vediamo la prossima settimana.

*A: じゃあ、私はこれで。みなさん、仕事がんばってね！
 B: ありがとう、また来週ね。

★bene: よし。用件を切り上げてその場を離れるときに使う表現。
★ragazzi: みなさん。ragazzoの原義は「少年」だが、30～40歳代くらいの人までをカバーしている。
★andarsene: その場を立ち去る。
★Buon lavoro.: よい仕事を。厳密な意味での仕事だけでなく、研究や論文執筆を控えた人にも使えるあいさつ。

317 Attenda un attimo.
［アッテンダ・ウナッティモ］
▶ 少々お待ちください。

A: Pronto? Sono Mario Rossi. Posso parlare con il signor Modugno?
B: Sì, glielo passo subito. **Attenda un attimo,** per favore.

 A: もしもし、マリオ・ロッスィと申します。モドゥンニョさんをお願いしたいのですが。
*B: はい、すぐに代わります。少々お待ちくださいませ。

★Glielo passo subito.: すぐに代わります。直訳は「すぐにあなたに彼を渡します」。
★attendere: 待つ。同義語のaspettareに比べ、より改まった場面でよく使われる。attendaはleiに対する命令法。「電話を切らずにお待ちください」ならAttenda in linea.
★un attimo: 少しの間。attimo（瞬間）の代わりにmomentoを使って、un momentoと言うこともできる。

CAPITOLO 7

318 Ha sbagliato numero.
[ア・ズバッリャート・ヌーメロ]
▶ 番号をお間違えです。

A: Pronto? Parlo con la signora Baldini?
B: No, **ha sbagliato numero.**

　　A: もしもし、バルディーニさんでしょうか？
　*B: いいえ、番号をお間違えです。

★Parlo con ...?: （電話口で）〜さんでしょうか？
★sbagliare numero: （電話）番号を間違える、間違い電話をかける。

319 Sono in riunione.
[ソノ・イン・リウニヨーネ]
▶ 会議中です。

A: Ciao Giorgio, ti sto disturbando?
B: Ciao Sara, ti chiamo dopo. In questo momento **sono in riunione.**

　*A: こんにちは、ジョルジョ、今電話して大丈夫？
　　B: やあ、サーラ、あとでかけ直すよ。今会議中だから。

★disturbare: 〜の邪魔をする（⇒ 200）。sto disturbando は現在進行形。
★essere in riunione: 会議中である。

320 Facciamo una pausa.
[ファッチャーモ・ウナ・パウザ]
▶ 休憩にしよう。

A: Dai, adesso, **facciamo una pausa.**
B: Sì. Ti va un caffè?

　*A: ほら、このへんで休憩にしよう。
　　B: うん。コーヒーでも飲む？

★fare una pausa: 休憩をとる。
★Ti va ...?: （きみは）〜がほしい？　〜をとりたい気分？

CAPITOLO 7　141

321 A chi tocca?
[ア・キ・トッカ]
▶ お次の方どうぞ。

A：Prego? **A chi tocca?**
B：Buongiorno. Sono venuta per ritirare un pacco.

　　A：どうぞお進みください。次の方、どうぞ。
　*B：こんにちは、小包を受け取りに来ました。

★prego：どうぞお進みください（⇒ 24 ）。

★toccare a ...：〜の番である。A chi tocca?（誰の番ですか？）は、店、銀行、郵便局などで次のお客さんを呼ぶときに使われる。Il prossimo!（次の人！）や Chi è il prossimo?（次の人、どなた？）とぞんざいに呼ばれることもある。

★ritirare：（留め置かれていた商品などを）受け取る。イタリアでは再配達事情がよくないため、書留などを不在で受け取れないと、自分のほうから郵便局に出向かなければならない。

322 Me ne scuso.
[メ・ネ・スクゥーゾ]
▶ 申し訳ありません。

A：Ma perché non me l'aveva detto prima?
B：Signora, **me ne scuso** moltissimo, ma adesso stiamo facendo tutto il possibile.

　*A：なぜもっと前にそれを言ってくださらなかったんですか？
　　B：本当に申し訳ありません。今、できる限りのことはしていますので。

★scusarsene：それについて詫びる。scusarsi（詫びる）に ne（そのことについて）がついた表現。謝罪の表現には、scusare（許す）の命令法を使うものと、再帰動詞 scusarsi を使うものがある。

★tutto il possibile：可能なことすべて。

142　CAPITOLO 7

323 In che senso?
[イン・ケ・センソ]
▶ どういうことでしょうか？

A: Lei ha detto che i ragazzi hanno creato dei problemi. Ma **in che senso?**
B: Nel senso che hanno rotto i vetri della finestra con un pallone.

 A：少年たちが問題を起こした、とおっしゃっていましたが、どういったことでしょうか？
 *B：何かと申しますと、ボールで窓ガラスを割ったんです。

★creare：起こす。dei problemi（問題）の dei は部分冠詞で、「いくつかの」の意。
★In che senso?：どういう意味においてでしょうか？　話がよくわからなかったとき、より具体的な説明を求めるために使う便利なフレーズ。
★Nel senso che ...：～という意味においてです、どういうことかと言うと～です。
★rompere：壊す、割る。rotto は過去分詞。

324 Veniamo al dunque.
[ヴェニヤーモ・アル・ドゥンクゥウェ]
▶ 話の核心に入りましょう。

A: E così abbiamo deciso di importare il prodotto.
B: Ho capito la situazione. Ma adesso **veniamo al dunque.** Che cosa volete che facciamo?

 *A：そういうわけで、その製品を輸入することにしたのです。
 B：状況はわかりましたが、そろそろ話の核心に入りましょう。我々にどうしてほしいとお望みなんですか？

★decidere di + 不定詞：～することに決める。deciso は過去分詞。
★venire al dunque：話の核心に迫る、結論に移る。この表現の dunque は名詞で「結論、核心」の意。

CAPITOLO 7　143

325 **Ho un appuntamento.**
[オ・ウナップゥンタメント]
▶ アポイントがあります。

A: Buongiorno, **ho un appuntamento** con la dottoressa Pisani.
B: Un attimo solo.

　A: こんにちは、ピザーニさんとお約束があるのですが。
*B: 少々お待ちください。

★avere un appuntamento con ...: ～と会う約束がある。

★dottoressa（～さん）は女性の大学卒業者につける敬称。名字を続けずに、単独で呼びかけとしても用いる。なお、男性の場合は dottor だが（例: il dottor Pisani）、名字を続けない場合は dottore となる。

326 **Grazie per la tempestività.**
[グラッツィエ・ペル・ラ・テンペスティヴィタ]
▶ 早速ありがとうございました。

A: Le abbiamo mandato oggi il catalogo richiesto.
B: **Grazie per la tempestività.**

　A: ご要望のカタログを今日発送いたしました。
*B: 早速ありがとうございます。

★richiesto: 要望のあった。richiedere（要求する）の過去分詞。

★tempestività: 時間を置かずにさっと対応すること。形容詞 tempestivo（早速の）を使うと、Grazie per la tempestiva risposta.（早速のお返事ありがとうございます）などと言うことができる。

327 **Ci sentiamo per telefono.**
[チ・センティヤーモ・ペル・テレーフォノ]
▶ また電話で連絡を取り合いましょう。

A: Appena saprò qualcosa sull'andamento dei negoziati ti chiamerò.
B: Va bene, allora **ci sentiamo per telefono.**

*A: 交渉の進展について何かわかったら電話するね。
　B: わかった、じゃあ、また電話で連絡を取り合おう。

★appena saprò ...: （私が）～を知り次第。saprò は sapere（知る）の未来形。

★andamento: 進展。negoziato は「交渉」。

★sentirsi per telefono: 電話で連絡を取り合う。前置詞 per（～によって）は手段を表す。ただし parlare（話す）を使う場合は、parlare al telefono（電話で話す）と言う。

328 Mi dica lei quando.
[ミ・ディーカ・レイ・クゥワンド]
▶ ご都合に合わせます。

A: Quando posso venire a trovarla?
B: Ma piuttosto **mi dica lei quando.**

　　A: いつお伺いしたらよろしいですか？
　*B: いや、むしろそちらのご都合に合わせますので。

★venire a trovare ...: 〜に会いに来る。
★piuttosto: むしろ。
★Mi dica lei quando.: いつがいいかをあなたがおっしゃってください。dica は dire（言う）の lei に対する命令法。「あなたの都合に合わせます」というニュアンスの表現。

329 Farò del mio meglio.
[ファロ・デル・ミーヨ・メッリョ]
▶ ベストを尽くします。

A: Sono sicuro che lei farà un ottimo lavoro.
B: Grazie. **Farò del mio meglio.**

　　A: あなたなら、きっとすばらしい仕事をされるはずです。
　*B: ありがとうございます。できる限りのことはします。

★essere sicuro che ...: 〜を確信している。
★fare del proprio meglio: 自分の最善を尽くす（proprio の部分に所有形容詞を入れる）。

330 Mi sta dicendo che...?
[ミ・スタ・ディチェンド・ケ]
▶ つまりこういうことですか？

A: Ma lei **mi sta dicendo che** dobbiamo cambiare l'orario?
B: No, non le sto dicendo questo.

　　A: あなたがおっしゃりたいのは、営業時間を変える必要があるということですか？
　*B: いえ、そういうことを言っているんじゃないんです。

★sta dicendo, sto dicendo はともに dire（言う）の現在進行形。Mi sta dicendo che ...?（あなたは〜とおっしゃっているのですか？）は、相手が言ったことを自分が理解しているかを確認するフレーズ。
★orario: 営業時間、勤務時間。

331 Posso dire la mia?
[ポッソ・ディーレ・ラ・ミーヤ]
▶ 意見を言ってもいいですか？

A : Secondo me, lui è adatto a svolgere questo lavoro. È molto preparato, preciso, diligente…
B : **Posso dire** anche **la mia**?

 A : ぼくの考えでは、彼はこの仕事に向いていると思う。十分経験を積んでいるし、正確だし、勤勉だし…。
 *B : 私も意見を言っていいでしょうか？

★essere adatto a + 不定詞：～するのに適性がある。
★svolgere：（仕事などを）遂行する。
★essere preparato：経験のある、訓練を受けている。
★Posso dire la mia?：意見を言ってもいいですか？ la mia は la mia opinione（私の意見）の省略された形と考えられる。anche をつけると、「（あなたの言うことはわかったけど）私の意見も聞いてください」というニュアンス。

332 A chi posso rivolgermi?
[ア・キ・ポッソ・リヴォルジェルミ]
▶ 担当者はどなたですか？

A : Scusi, **a chi posso rivolgermi** per fare una richiesta di rimborso?
B : Vada al banco B. Lì può chiedere informazioni al riguardo.

 *A : すみません、払い戻しの申請をするには、どこに行ったらいいですか？
 B : Bカウンターへどうぞ。そこで、払い戻しについてお聞きいただけますので。

★rivolgersi：問い合わせる。A chi posso rivolgermi?（誰に問い合わせたらいいですか？）は、誰が担当者なのか、誰に質問や申し込みをしたらいいのかを尋ねる表現。
★richiesta：申請。rimborso は「払い戻し、返金」という意味。
★banco：カウンター。
★al riguardo：それに関する。

333 A che punto siamo?
[ア・ケ・プゥント・スィヤーモ]
▶ 進捗状況はどうですか？

A : **A che punto siamo** con la pratica?
B : Ho inoltrato la sua richiesta. La contatteranno prossimamente.

 A： 手続きの進捗状況はどうなっていますか？
 *B： あなたの申請は伝えました。じきに連絡がいくと思います。

★a che punto: どんな地点に。essere（～にいる）を伴って、「どんな進捗状況か」を尋ねることができる。相手の進捗状況を知りたければ A che punto siete?（あなた方はどんな進捗状況ですか？）と言ってもよいが、尋ねている本人も関心があり、心理的に関わっていることを表すため、主語を noi にすることがある。

★pratica: 手続き。

★inoltrare: しかるべき担当者に伝える。メールのやりとりでは「転送する」という意味で用いる。

★contattare: ～に連絡する。prossimamente（近いうちに）と言われても、連絡が本当にあるかどうかはあやしい。役所・民間企業の対応（たらい回しなど）に関して、イタリアの人たちはときに大変苦労している。

334 Glielo manderemo quanto prima.
[リェロ・マンデレーモ・クゥワント・プリーマ]
▶ 出来次第お送りします。

A : Avrei bisogno di una copia del vostro catalogo.
B : Mi dispiace ma in questo momento ne siamo a corto. Adesso è in ristampa. **Glielo manderemo quanto prima.**

 A： お宅のカタログを 1 部いただきたいのですが。
 *B： 申し訳ありませんが、ただ今切らしております。増刷に取りかかっているところですので、出来次第お送りします。

★avere bisogno di ...: ～が必要である。avrei は avere の条件法現在、io の活用で、「できれば～なのですが」というニュアンス。

★essere a corto di ...: ～を切らしている。ne は "di + カタログ" を受ける代名詞。

★mandare: 送る。manderemo は未来形。Glielo manderemo. で「（私たちは）あなたにそれを送ります」の意。

★quanto prima: できるだけ早く。

CAPITOLO 7   147

335 A lei la parola.
[ア・レイ・ラ・パローラ]
▶ 発言をどうぞ。

A : Allora dottor Bianchi, **a lei la parola**.
B : Grazie, dottoressa Marzi. Oggi vorrei parlare di un problema che mi sta a cuore da molto tempo.

*A : それではビヤンキさん、ご意見をお願いします。
 B : マルツィさん、ありがとうございます。今日私は、ずいぶん前から気にかかっている問題についてお話ししたいと思います。

★A lei la parola.: あなたに発言をお願いします。動詞が省略されたフレーズで、改まった会議、シンポジウム、テレビでよく耳にする。dare la parola a + 人（～に発言をお願いする）という表現も使われる。例: Adesso diamo la parola al sig. Rossi.（これから、ロッスィさんに発言をお願いしましょう。）

★stare a cuore a + 人: ～の気にかかっている（⇒ 166 ）。

336 Non mi sono spiegata.
[ノン・ミ・ソノ・スピエガータ]
▶ そういうことではないんです。

A : Quindi lei sta dicendo che trattenete il 10% della vendita.
B : No, **non mi sono spiegata**.

 A : そうすると、あなた方は売り上げの 10% を徴収するということですね。
*B : いえ、そうではないんです。

★trattenere: 引く、徴収する。
★パーセントの数字は男性名詞単数扱いなので、定冠詞の il をつける（il 10% の読み方は il dieci per cento）。
★spiegarsi: 自分の考えをうまく説明する→自分の言っていることを理解してもらう。例: Mi sono spiegato?（私の言っていること、わかってもらえましたか？）

337 Non intendevo dire questo.

[ノニンテンデーヴォ・ディーレ・クゥウェスト]

▶ そんなつもりで言ったのではありません。

A: Quindi lei ci sta dicendo che dobbiamo aumentare il numero del personale?
B: No, **non intendevo dire questo**. Quello che volevo dirvi è che…

*A: つまり、人員を増やさないといけないとおっしゃっているのですか？
B: いえ、そんなつもりで言ったんじゃないんです。私が言いたかったのは…。

★Ci sta dicendo che …?：（あなたは）私たちに〜とおっしゃりたいのですか？ sta dicendo は dire（言う）の現在進行形（⇒ 330 ）。

★aumentare：増やす。

★il numero del personale：スタッフの数。

★intendere + 不定詞：〜しようとする。intendevo は直説法半過去。Non intendevo dire questo. は「私はこのことを言おうとしていたわけではない」。

338 Come sarebbe a dire?

[コメ・サレッベ・ア・ディーレ]

▶ と言いますと？

A: Non ho capito bene la situazione. **Come sarebbe a dire** che dovete rivolgervi a lui?
B: Sarebbe a dire che ogni volta che c'è qualcosa fuori dal normale, dobbiamo telefonargli per chiedergli un consiglio.

A: 状況がよく理解できません。あなた方が彼に相談しなければならないとは、どういうことですか？
*B: 何か異常が発生するたびに、彼に電話してアドバイスをもらわなければならない、ということです。

★Come sarebbe a dire (che …)?：（〜とは）どういうことですか？ sarebbe は essere の条件法現在。Sarebbe a dire che … は「つまり〜ということなんです」。

★rivolgersi a + 人：〜に相談する。

★ogni volta che … ：〜するたびに。

339 Ho fatto mille solleciti.
[オ・ファット・ミッレ・ソッレーチティ]
▶ 何度も催促しました。

A : E ti hanno risposto?
B : No. **Ho fatto mille solleciti,** ma non ho ottenuto nessuna risposta.

 A：で、返事はあったの？
*B：ううん。何度も催促したんだけど、全然返事が来ない。

★fare un sollecito：催促する。mille solleciti（千の催促）は「何度も催促したこと」を表す。

★ottenere una risposta：回答を得る。non と nessuna を伴うと、「全く回答が得られない」。

340 Soffermiamoci su questo punto.
[ソッフェルミヤーモチ・スゥ・クゥウエスト・プゥント]
▶ この点について話しましょう。

A : Ma come possiamo aumentare la vendita del 4%?
B : Ecco, **soffermiamoci** un attimo **su questo punto.**

 A：しかし、どうやったら売り上げを4% 伸ばせるのでしょうか？
*B：そうですね、この点についてちょっと話しておきましょう。

★aumentare：増加させる。

★del 4% は del quattro per cento と読む。前置詞 di は「差」を表す。

★soffermarsi su ...：〜のことを話しておく、確認しておく。soffermarsi の原義は「軽く立ち止まる」。

341 Avremo modo di parlarne ancora.
[アヴレーモ・モード・ディ・パルラールネ・アンコーラ]
▶ それについては、また話す機会があるでしょう。

A : Di questo problema **avremo modo di parlarne ancora**.
B : D'accordo. Allora ne parliamo un'altra volta.

 *A：この問題については、また話す機会を持てることと思います。
 B：承知しました。ではまた次の機会にお話ししましょう。

★di questo problema：この問題については。di は「〜については」を表す。

★avere modo di + 不定詞：〜する機会がある。avremo は avere の未来形。parlarne の ne は di questo problema を受け直す代名詞。

342 Di che cosa si tratta?
[ディ・ケ・コザ・スィ・トラッタ]
▶ どういったことでしょうか？

A : Senta, avrei un problemino con questo computer. Potreste aiutarmi?
B : Sì, vediamo un po'. Ma **di che cosa si tratta** esattamente?

*A : あの、このコンピュータに少し問題があるみたいなのですが。対応していただけますか？
 B : はい、ちょっと見てみましょう。正確に言うと、どのような問題でしょうか？

★avrei は avere (持つ) の条件法現在で、直説法現在を用いて ho un problemino (私はちょっとした問題を抱えている) と言うよりも婉曲な言い方になる。problemino は problema (問題) に縮小辞 -ino がついた形。

★trattarsi di ...: (問題・ポイントは) ～である。例: Si tratta di un problema al disco rigido. (ハードディスクの問題なんです。)

★esattamente: 正確に言うと。

343 La prego di essere breve.
[ラ・プレーゴ・ディ・エッセレ・ブレーヴェ]
▶ 手短にお願いします。

A : Dottore, permette?
B : Sì, ma **la prego di essere breve,** mi aspetta una riunione.

*A : あの、今少しよろしいでしょうか？
 B : いいですが、手短にお願いします。これから会議なので。

★permettere: 許可する。ここでは、「話をするお時間をいただけますか？」の意で使っている。

★pregare + 人 + di + 不定詞: …に～するよう頼む。

★essere breve: 手短に話す。同義の essere veloce を使うこともできる。「手短に言います」は、Sarò breve. や Sarò velocissimo [velocissima]. と言えば OK。

★mi aspetta una riunione の直訳は「会議が私を待っている」。

344 dal punto di vista economico,
[ダル・プント・ディ・ヴィスタ・エコノーミコ]
▶ 経済的観点からすると

A : **Dal punto di vista economico,** è meglio optare per la soluzione "A".
B : Ma dal punto di vista ambientale, non è sostenibile.

　A： 経済的観点からすると、A案を採用したほうがいいです。
＊B： しかし環境面からすると、持続可能ではありません。

★dal punto di vista ＋ 形容詞：～の観点からすると。形容詞の語尾は punto に合わせて男性単数形にする。
★optare per ...：～を選択する。soluzione は「解決策、解決案」。
★sostenibile：持続可能な。

345 In che modo posso esserle utile?
[イン・ケ・モード・ポッソ・エッセルレ・ウーティレ]
▶ どういったご用件でしょうか？

A : Assicurazioni ABC, buongiorno. **In che modo posso esserle utile?**
B : Buongiorno, volevo sapere come posso disdire la mia polizza.

　A： はい、ＡＢＣ保険です。どういったご用件でしょうか？
＊B： こんにちは、どうやったら保険契約を解約できるか知りたいのですが。

★In che modo posso esserle utile?：どういったご用件でしょうか？　直訳は「私はどのようにあなたの役に立てるか」。コールセンターに電話すると、このフレーズまたは同義の Come posso aiutarla? がよく聞かれる。
★disdire：取り消す、解約する。
★polizza：（保険などの）契約。

152　CAPITOLO 7

346 Mi è venuta in mente un'idea.
[ミ・エ・ヴェヌゥータ・イン・メンテ・ウニデーア]
▶ ひとつ思いつきました。

A: Ma aspetta, adesso **mi è venuta in mente un'idea.**
B: Bene, sentiamola.

 A: ちょっと待って、今、ひとつアイデアを思いついた。
 *B: そう？　どんなアイデアかしら。

★venire in mente a + 人: ～の頭に思い浮かぶ。思い浮かぶもの（会話例では un'idea）が主語で、文の最後に置かれる。

★Sentiamola.（私たちはそれを聞きましょう）は sentire の noi に対する命令法 sentiamo + la（それを＝そのアイデアを）。

347 Si è aperto un nuovo orizzonte.
[スィ・エ・アペルト・ウン・ヌゥウォーヴォ・オリッヅォンテ]
▶ 新たな可能性が開かれました。

A: E come sei arrivata ad aprire una bottega?
B: Dopo il corso di aggiornamento ho incontrato una persona, e così mi **si è aperto un nuovo orizzonte.**

 A: で、どういう経緯で工房を開くことになったんですか？
 *B: 研修コースのあとで、ある人に会ったんです。そこから、新たな可能性が開かれました。

★arrivare a + 不定詞: ～するようになる、～するに至る。

★corso di aggiornamento: 知識・技術更新のための講座。

★Mi si è aperto un nuovo orizzonte.: 私において新しい地平が開かれた。mi は間接目的語の代名詞、「私において」を表す。この文の主語は un nuovo orizzonte（新しい地平）、動詞は aprirsi（開かれる）。

CAPITOLO 7　153

348 Mi sembra di aver capito che...

[ミ・センブラ・ディ・アヴェール・カピート・ケ]

▶ 私の理解では…

A: Ma alla fine loro hanno intenzione di partecipare al nostro progetto?
B: **Mi sembra di aver capito che** per il momento non intendono aderire all'iniziativa.

A: 結局、彼らは我々のプロジェクトに参加する気があるのだろうか？
*B: 私の理解したところによると、当面、企画に乗るつもりはないようですね。

★alla fine: 結局のところ。

★avere intenzione di + 不定詞: ～するつもりである。

★mi sembra di aver [essere] + 過去分詞: 私には自分が～したように思われる。動詞 capire（理解する）を当てはめると、mi sembra di aver capito（私には自分が理解したように思われる）。

★per il momento: 今のところ、当面。

★aderire a ...: ～に（賛同して）参加する。iniziativa は「企画、キャンペーン、イベント」などの意味がある。

349 Sono dell'idea che sia un'ottima scelta.

[ソノ・デッリデーア・ケ・スィーヤ・ウノッティマ・シェルタ]

▶ 大変よい選択だと思います。

A: Vendere i titoli in questo momento non mi sembra la cosa migliore da fare.
B: Invece io **sono dell'idea che sia un'ottima scelta.**

A: このタイミングで株式を売却するのは、ベストなことだとは思いません。
*B: 私は、大変よい選択だと思います。

★titoli: 株。単数形は titolo。

★la cosa migliore da fare: なすべき最善のこと、最善策。

★invece: それに対して。反対の意見を述べる前に置く言葉。

★essere dell'idea che + 接続法: ～であるという考えを持っている。「～だと思う」のやや堅い言い方。

350 Mi riaggancio a quanto detto da lei.

[ミ・リアッガンチョ・ア・クゥワント・デット・ダ・レイ]

▶ あなたの発言を受けて意見を言います。

A: E voi che ne pensate?
B: Io **mi riaggancio a quanto detto da lei.**

  A: それで、あなた方はどう思いますか？
  *B: 私は、あなたの発言を受けて意見を言います。

★riagganciarsi は「ひっかかりを利用して再びくっつく」というイメージの動詞。Mi riaggancio a quanto detto da ... は、「私は〜が言ったことを受けて、それに関連して発言します」という意味。意見を言い始めるのに便利なフレーズ。quanto detto da ... は「〜によって言われたこと」の意。

351 Ci tengo molto a sottolineare questo fatto.

[チ・テンゴ・モルト・ア・ソットリネアーレ・クゥウェスト・ファット]

▶ このことをぜひとも強調しておきたいと思います。

A: Abbiamo solo tre addetti a svolgere una quantità enorme di lavoro. **Ci tengo molto a sottolineare questo fatto.**
B: Sì, ho capito, ma secondo lei quanti addetti ci vorrebbero?

  *A: こんなにたくさん仕事があるのに、係員が３人しかいません。このことをぜひとも強調しておきたいと思います。
  B: わかりました。あなたのお考えでは、係員が何人必要だと思われますか？

★addetto: 係員。

★una quantità enorme di ...: 大量の〜。

★tenerci a ＋ 不定詞: 〜することにこだわる、〜することを大事に考えている。a のあとに名詞を続けることもできる。例: Ci tengo molto a questa cosa. (このことをとても大事に考えています。)

★sottolineare: 下線を引く→強調する。

★volerci:（時間・ものなどが）必要である。vorrebbero は条件法現在。「実現するとしたら」などの条件のニュアンスが含まれる。

CAPITOLO 7　155

Capitolo 8

恋愛 フレーズ

恋人同士のラブラブな会話や、
友だちとの恋愛トークを盛り上げる表現が学べます。
相手への想いを伝える情熱的なセリフのほか、
冷たく別れを告げるひとことも。

352 Tesoro,
[テゾーロ]
▶ 愛しい人

A : **Tesoro,** puoi venire un attimo qui?
B : Sì, amore, arrivo subito.

　　A : ねえ、ちょっとこっちに来れる？
　*B : わかった、すぐ行く。

★tesoro（原義は「宝物」）、amore（原義は「愛」）はともに、恋人、夫婦、子どもなどへの呼びかけ。

★un attimo: ちょっと。

★Arrivo subito.: すぐにそっちに行きます。呼ばれたときの返事は、venire または arrivare を使う（⇒ 187 ）。

353 Provo affetto.
[プローヴォ・アッフェット]
▶ 愛情を感じます。

A : Sandro sembra la persona giusta per te, no?
B : Ma non so... **Provo affetto** nei suoi confronti, ma devo ancora capire cosa provo veramente.

　　A : サンドロって、きみにぴったりの人じゃない？
　*B : うーん…。彼に対して愛情は感じるんだけど、でも自分が本当にどう思っているのか、まだよくわからなくて。

★la persona giusta per ...: 〜にぴったりの人。

★provare affetto: 愛情・愛着を感じる。nei suoi confronti は「彼に対して」。

★Devo ancora capire ...: 〜をこれから理解しなければならない。

354 Posso baciarti?
[ポッソ・バチャールティ]
▶ キスしていい？

A : **Posso baciarti?**
B : Eh... secondo te?
A : Secondo me, sì.

　　A : きみにキスしていい？
　*B : えーっと、いいか悪いか、どう思う？
　　A : ぼくは、いいような気がするよ。

★baciare: キスする（他動詞）。名詞は bacio（⇒ 46 ）。

158　CAPITOLO 8

355 Vuoi sposarmi?
［ヴゥウォイ・スポザールミ］
▶ 結婚しませんか？

A : Daniela, oggi voglio chiederti una cosa molto importante. **Vuoi sposarmi?**
B : Ma... cosa dici all'improvviso?! Se voglio sposarti? Ma no, cioè sì, sono un po' confusa...

 A：ダニエラ、今日はきみにすごく大切なことを聞きたいんだ。ぼくと結婚してくれない？
 *B：えっ？　急に何を言い出すの?!　あなたと結婚したいかですって？　それはいや、と言うか、いいかも、ちょっと頭が混乱する…。

★sposare：〜と結婚する。再帰動詞 "sposarsi con + 人"（〜と結婚する）を使ってもOK。
★all'improvviso：突然、急に。
★cioè：つまり。
★essere confuso：頭が混乱している。

356 Mi mancherai tanto.
［ミ・マンケラーイ・タント］
▶ 寂しくなるなあ。

A : Amore, **mi mancherai tanto**...
B : Ma dai, tesoro, sarò fuori solo un paio di giorni...

 *A：あなたがいなくなるとほんとに寂しいなあ…。
 B：そんな、2、3日いないだけじゃないか。

★mancare a + 人：不在により〜に寂しい思いをさせる。不在にする人を主語にして、未来の話なら Mi mancherai.（あなたがいなくなると私は寂しいだろう）、もう帰ってきた人に Mi sei mancato tanto.（あなたがいなくてとても寂しい思いをした）などと言う。
★ma dai：そんなこと言わないで。dai は励まし・促しの間投詞（⇒ 75 ）。
★essere fuori：留守にする、不在にする。sarò は essere の未来形。
★un paio di ...：2、3の〜。

357 Finalmente siamo soli.
［フィナルメンテ・スィヤーモ・ソーリ］
▶ やっと二人きりになれたね。

A : **Finalmente siamo soli!**
B : Sì, finalmente. Ho aspettato tanto questo momento.

*A：やっと二人きりになれたね。
 B：うん、やっとだね。このときをずっと待ち望んでたんだ。

★finalmente: やっと (⇒ 79)。
★aspettare: 待ち望む。

358 Mi piaci veramente.
［ミ・ピヤーチ・ヴェラメンテ］
▶ 本当にきみが好きだ。

A : Guarda che **mi piaci veramente.**
B : Davvero? Ti piaccio?

 A：あのね、きみのことが本当に好きなんだ。
*B：え？　私のことが好きなの？

★piacere a + 人：〜に好かれる。mi piaci の主語は tu で、「きみは私に好かれる」、つまり「私はきみが好きだ」という意味。amare（愛する）を使った Ti amo.（きみを愛している）は重みのある言葉なので、「ああ、きみのことが好きだなあ」などという程度のときは piacere を使う。piacere は不規則活用の動詞で、io が主語のときは piaccio という形をとる。

359 Ti voglio bene.
［ティ・ヴォッリョ・ベーネ］
▶ きみのことを大切に想ってるよ。

A : Ma perché dici così? Io **ti voglio bene.**
B : Dici che mi vuoi bene ma alla fine...

 A：なんでそんなこと言うの？　ぼくはきみのことを大切に想ってるんだよ。
*B：私のことを大切に想ってるって言うけど、でも結局はね…。

★voler bene a + 人：〜のことを大切に想う、〜が好きだ、〜を愛している。amare（愛する）ほど重みがなく、恋愛関係に限らず、親子・友人間でも使われる。Ti voglio bene.（きみが好きだ）は携帯電話のショートメールでよく "tvb" と略記される。
★alla fine: 結局のところは。

160　CAPITOLO 8

360 Come sei bella!
[コメ・セイ・ベッラ]
▶ きみはなんてきれいなんだ！

A: Ma **come sei bella!** Davvero sei uno splendore!
B: Grazie. Allora, andiamo?

　　A: きみはなんてきれいなんだ！　本当に輝いてるよ！
　*B: ありがとう。じゃ、行きましょうか？

★essere uno splendore: 輝いて見える。splendore は「輝き」という意味の名詞。

361 Lo trovo simpatico.
[ロ・トローヴォ・スィンパーティコ]
▶ 感じのいい人だと思う。

A: Alla festa Bruno sembrava tanto interessato a te. E tu, che ne pensi di lui?
B: Mah… **lo trovo simpatico,** ma niente di più.

　　A: パーティーでは、ブルーノがかなりきみに気がありそうだったね。で、きみは、彼のことをどう思うの？
　*B: そうねえ、感じのいい人だとは思うけど、それだけだな。

★interessato a ...: 〜に興味がある、〜に気がある。
★trovare ... simpatico: 〜を感じがいいと思う。
★niente di più: それ以上のことはない。

362 Aspetto un bambino.
[アスペット・ウン・バンビーノ]
▶ 妊娠しています。

A: Amore, ho una bellissima notizia… **Aspetto un bambino.**
B: Evviva! Ma sarà un maschio o una femmina?

　*A: あのね、とってもすばらしいニュースがあるの…。妊娠したよ。
　　B: やった！　男の子かな、女の子かな？

★notizia: 知らせ、ニュース。
★aspettare un bambino: 妊娠している、子どもが生まれる予定である。
★maschio: 男の子（赤ちゃんや小さな子どもについて言う性別の表現）。「女の子」は femmina。

CAPITOLO 8

363 Vedi qualcun altro?
[ヴェーディ・クゥワルクゥナルトロ]
▶ ほかに誰かいるの？

A : A volte non capisco cosa pensi… Ma dimmi un po', **vedi qualcun altro?**

B : Ma come ti viene in mente un dubbio del genere? Assolutamente no!

 *A : ときどき、きみが何を考えているのかわからなくなるんだ。ひょっとして…ほかに誰かいるの？
 *B : なんでそんなこと言い出すの？　そんなわけないって！

★a volte：ときには（〜であることもある）。

★Dimmi un po'.：ちょっと言ってみて（⇒ 5 ）。

★vedere qualcun altro：ほかの誰かと会っている。qualcun は qualcuno（誰か）の語尾 o が落ちた形。

★venire in mente a ＋ 人：〜の頭の中に思い浮かぶ（⇒ 346 ）。Come ti viene in mente un dubbio del genere? の直訳は「どうやったらそんな疑いがあなたの頭に思い浮かぶの？」。

364 Ci siamo lasciati.
[チ・スィヤーモ・ラッシャーティ]
▶ 私たちは別れました。

A : E così, dopo quella litigata **ci siamo lasciati.**

B : E non vi vedete più? Ma è un peccato, sembrava che andaste così d'accordo.

 *A : そんなこんなで、あのけんかのあと、私たちは別れたの。
 *B : もうきみたち会うことはないの？　でも残念だな。とってもうまくいっているようだったのに。

★e così：そんなわけで、そんなふうにして。

★litigata：口論、口げんか。動詞は litigare（口論する）。

★lasciarsi：（互いに）別れる。近過去では、ci siamo lasciati（私たちは別れた）、vi siete lasciati（きみたちは別れた）、si sono lasciati（彼らは別れた）と活用する。

★sembrare che ＋ 接続法：〜のように見える、〜のようである。sembrava（〜のように見えていた）は直説法半過去。

★andare d'accordo：うまくいく。andaste は接続法半過去、voi の活用。

162　CAPITOLO 8

365 Mi ha tradito.
[ミヤ・トラディート]
▶ 浮気された。

A : Perché hai lasciato Emanuele? Stavate molto bene insieme, no?
B : Lui **mi ha tradito**. Dice che è stata una scappatella ma io non ci credo.

  A: なんでエマヌエーレと別れたの？ すごく仲がよさそうだったのに。
  *B: 彼は浮気したの。ちょっとしたはずみで、なんて言ってるけど、私は信じない。

★lasciare: ～と別れる、～を振る。
★stare bene insieme: 一緒に仲良く過ごす。
★tradire: 裏切る、浮気する。
★scappatella: 軽いはずみで起きた浮気。è stata (～だった) は essere の近過去。

366 Che ne sai?!
[ケ・ネ・サーイ]
▶ あなたに何がわかるの?!

A : Tu dici di aver sofferto tanto ma che c'è da soffrire così tanto?!
B : Ma tu **che ne sai?!** Che ne sai del mio dolore, della mia solitudine! Tu non mi capisci! Ecco perché non voglio stare più con te!

  A: きみはとても苦しんだとか言ってるけど、何をそんなに苦しむことがあるの?!
  *B: あんたに何がわかるの?! 私の苦しみも孤独も知らないくせに！ 私のことを理解してないのよ！ だからもう一緒にいたくないの！

★soffrire: 苦しみを感じる。sofferto は過去分詞。"dici di aver [essere] + 過去分詞" は「きみは自分が～したと言っている」の意。
★Che c'è da + 不定詞?: ～すべき何があるのか。Che c'è da soffrire così tanto? は「そんなに苦しむべき何があるのか」。
★Che ne sai?: きみは (それについて) 何を知っているのか、何も知らないでしょ！ 会話例のように、ne (それについて＝私の痛みについて、私の孤独について) の具体的な内容があとで明示されることもある。
★Ecco perché ...: だから～なんです。理由の提示に使われる (⇒ 168)。

CAPITOLO 8

367 Tu mi fai impazzire!
[トゥ・ミ・ファイ・インパッツィーレ]
▶ きみに夢中！

A: **Tu mi fai impazzire!** Mi piaci troppo. Mi piace come mi guardi. Mi piace tutto di te!
B: Mah… non è che dici queste cose a tutte le ragazze che incontri?

 A：ぼくはきみに夢中だ！　きみのことが好きすぎる。きみがぼくを見る感じが好き。きみのすべてが好きだ！
 *B：だけど…会う女の子みんなに同じようなこと言ってるんじゃないの？

★fare impazzire：夢中にさせる。使役の fare（〜させる）＋ impazzire（夢中になる）。恋愛の文脈に限らず使える。例：Questa musica mi fa impazzire.（この音楽、大好き！）

★Non è che …?：〜なんじゃないの？

368 Sono innamorato di te.
[ソノ・インナモラート・ディ・テ]
▶ きみに恋してるんだ。

A: Senti, Martina, io **sono innamorato di te.**
B: Anch'io sono innamorata di te.

 A：あのね、マルティーナ、ぼくはきみに恋してるんだ。
 *B：私のほうこそ、あなたに恋してる。

★essere innamorato di …：〜に恋している。「恋に落ちる」という瞬間的な行為は、再帰動詞 innamorarsi di …（〜にほれる）を使って表現できる。例：Hai accompagnato Luisa a casa sua? — Sì, e accompagnandola a casa mi sono innamorato di lei.（ルイーザを家に送って行ったの？ーうん。で、そのとき、彼女にほれたんだ。）

★Sono io che …：〜なのは私のほうである。essere のあとに強調したい文の要素を置き、che のあとに文の残りを置く強調構文。「私のほうが」が強調されている。

369 Ce l'hai la ragazza?
[チェ・ライ・ラ・ラガッツァ]
▶ 彼女はいるの？

A: Federico, ma tu **ce l'hai la ragazza?**
B: Ma perché me lo chiedi? Sei interessata a me?

   *A: フェデリーコ、あなた彼女いるの？
    B: なんでそんなこと聞くの？　ぼくに興味あるの？

★avere il ragazzo [la ragazza]：彼氏［彼女］がいる。Ho il ragazzo [la ragazza].（彼氏［彼女］がいます）のように言ってもよいが、しばしば特に意味を持たない ce l' を avere の活用の前につける。恋人の有無を尋ねるときは essere fidanzato という表現を使って、Sei fidanzato [fidanzata]?（恋人はいる？）と聞くこともできる。

★essere interessato a ...：〜に興味がある。恋愛の文脈でもよく使われる。

370 Vuoi uscire con me?
[ヴゥウォイ・ウッシーレ・コン・メ]
▶ 私と付き合ってくれませんか？

A: Carla, **vuoi uscire con me?**
B: Uscire con te?! Ma tu sei molto più giovane di me, ho una figlia piccola, e poi…

    A: カルラ、ぼくと付き合ってくれないか？
   *B: あなたと付き合うですって？!　でもあなた、私よりずっと若いし、私には小さな娘がいるし、それに…。

★uscire con ＋ 人：〜と付き合う。uscire は「出かける、遊びに行く」という意味の動詞だが、恋愛関係において「付き合う」ことも表現できる。

★più giovane di ...：〜より若い。

371 Ho lasciato mio marito.
[オ・ラッシャート・ミーヨ・マリート]
▶ 夫と別れました。

A: Federica! Che sorpresa! Ma da quando sei tornata?
B: Da un mese. Non vivo più a Milano. **Ho lasciato mio marito** e sono tornata qua.

    A: フェデリーカ！　きみに会うなんてびっくり！　いつから帰ってるの？
   *B: 1ヶ月前から。もうミラノには住んでないの。夫と別れて、ここに戻ってきたの。

★Che sorpresa!：なんという驚き！　che（なんという）を使った感嘆文。

★lasciare：〜と別れる。marito は「夫」。「妻と別れた」なら Ho lasciato mia moglie.

CAPITOLO 8　165

372 Si sono messi insieme.
[スィ・ソノ・メッスィ・インスィエーメ]
▶ 彼らは付き合い始めた。

A: Ma come?! Si sono conosciuti da poco e **si sono già messi insieme**?
B: Sì. È stato un colpo di fulmine per entrambi e **si sono messi** subito **insieme**.

　A: 何だって?!　知り合ったばっかりなのに、彼ら、もう付き合い始めてるの?
*B: そう。お互いにひとめぼれしたんだって。で、すぐに付き合いだしたの。

★Ma come?!: 何だって?!　驚きを表す。憤慨の気持ちが入ることもある。
★conoscersi: 知り合う。
★da poco: 最近。現在形または近過去の動詞とともに使われる。直訳は「わずか前から」。
★mettersi insieme: 付き合い始める。近過去の場合、ci siamo messi insieme (私たち)、vi siete messi insieme (きみたち)、si sono messi insieme (彼ら) と活用する。
★un colpo di fulmine: ひとめぼれ (⇒ 383)。
★per entrambi: 両方にとって。

373 Non lo sopportavo più.
[ノン・ロ・ソッポルターヴォ・ピゥウ]
▶ もう彼には我慢できなかった。

A: Federica, scusami se te lo chiedo, ma perché hai lasciato tuo marito?
B: Perché **non lo sopportavo più.** Non ne potevo più di stare con lui.

　A: フェデリーカ、こんなこと聞いて悪いんだけど、なんできみの夫と別れたの?
*B: もう夫に耐えられなくなってたから。一緒にいるなんてもう無理って感じだったの。

★scusami se te lo chiedo: きみにそのこと (= 今から質問すること) を聞いてごめんなさい。se は仮定「〜するなら」ではなく「〜して」を意味する。
★sopportare: 〜(の存在) に耐える。sopportavo は直説法半過去の活用。
★non ne potevo più di + 不定詞: (私は)〜することにもう耐えられなくなっていた (⇒ 79)。

374 Non voglio più vederti.
[ノン・ヴォッリョ・ピィウ・ヴェデールティ]
▶ もう二度と会いたくない！

A: **Non voglio più vederti!** Vattene! Non farti più vivo!
B: Laura, calmati. Perché non possiamo parlare ancora un po'?

　*A： もうあんたとは二度と会いたくない！　帰って！　もう連絡してこないで！
　B： ラウラ、ちょっと落ち着いてよ。もう少し話そうよ、ね？

★non ... più： 二度と〜ない、もはや〜ない。
★Vattene!： この場を去れ！　andarsene（その場を去る）の tu に対する命令法で、"va' + te（再帰代名詞 ti がうしろの ne につられて音が変化）＋ ne"。
★farsi vivo： 姿を現す、連絡する。
★calmati： 落ち着いて。calmarsi（落ち着く）の tu に対する命令法。
★Perché non possiamo ＋ 不定詞?： 私たち、〜するのもいいのでは？　控えめな提案の表現。Perché non parliamo?（話さない?）なら普通の提案だが、potere を入れると「相手が拒否・反発するかもしれないこと」を提案しやすくなる。

375 I tuoi occhi sono bellissimi.
[イ・トゥウォーイ・オッキ・ソノ・ベッリッスィミ]
▶ きみの目はとってもきれいだ。

A: Ma perché mi guardi così?
B: **I tuoi occhi sono bellissimi.** Sono di una bellezza incredibile... Non posso fare a meno di ammirarli.

　*A： どうしてそんなふうに見つめるの？
　B： きみの目がとても美しくて。信じられない美しさだ…。見つめずにはいられないよ。

★guardare così： そんなふうに見る。
★essere di una bellezza incredibile： 信じられない美しさである。
★non poter fare a meno di ＋ 不定詞： 〜せずにはいられない（⇒ 421 ）。
★ammirare： うっとりして見つめる。最後についている li は occhi（目）を受ける直接目的語の代名詞。

CAPITOLO 8　167

376 Da quanto tempo state insieme?
[ダ・クゥワント・テンポ・スターテ・インスィエーメ]
▶ 付き合ってどれくらい？

A: **Da quanto tempo state insieme?**
B: Beh, stiamo insieme da cinque anni.

> *A: あなたたち、どれくらい付き合ってるの？
> B: ええっと、ぼくら、付き合って5年になるよ。

★da quanto tempo: どのくらい前から、どのくらいの期間。
★stare insieme: 付き合っている。

377 Vuoi passare la notte qui?
[ヴゥウォーイ・パッサーレ・ラ・ノッテ・クゥウィ]
▶ ここで夜を過ごさない？

A: **Vuoi passare la notte qui?**
B: No, mi dispiace, ma non mi va.

> A: ここで夜を一緒に過ごさない？
> *B: ううん、悪いけど、気乗りしない。

★passare: 過ごす。
★Non mi va.: 私にとって気乗りしない。

378 Mi ha fatto la corte.
[ミヤ・ファット・ラ・コルテ]
▶ 口説かれた。

A: E di Luca, cosa ne pensi?
B: A dire il vero, **mi ha fatto la corte** per un anno ma non me la sento di stare con lui.

> A: で、ルーカのことはどう思うの？
> *B: 実は彼、私に1年間言い寄ってたんだけど、彼と付き合いたくはないな。

★a dire il vero: 実を言うと。同義表現に a dire la verità (⇒ 168) がある。
★fare la corte: 口説こうとする、言い寄る。同義の動詞に corteggiare がある。
★non sentirsela di + 不定詞: ～する気がしない。

CAPITOLO 8

379 C'è qualcosa che non va.
[チェ・クゥワルコーザ・ケ・ノン・ヴァ]
▶ 何かがうまくいかない。

A: **C'è qualcosa che non va** tra di noi.
B: Ma cosa dici?! Stiamo così bene insieme…

> *A: 私たち、何かうまくいかないね。
> B: 何言ってるの？　こんなにうまくいってるじゃないか。

★andare: うまくいく。
★tra di noi: 私たちの間で。前置詞 tra（～の間に）のあとに人を表す代名詞が続く場合、オプショナルな di を入れることがよくある。

380 Sono qui con il mio ragazzo.
[ソノ・クゥウィ・コニル・ミーヨ・ラガッツォ]
▶ 彼氏と来てるの。

A: Ciao bella! Posso ballare con te?
B: No. **Sono qui con il mio ragazzo.**

> A: やあ、一緒に踊ってもいいかな？
> *B: それは無理。私、彼氏と来てるの。

★bella は「美しい人」という呼びかけだが、そこまで強い意味はない。女性が女性に対しても使える。
★il mio ragazzo: 私の彼氏、私の恋人（恋人が女性なら la mia ragazza）。なお、「恋人」という意味では fidanzato, fidanzata という語もある。ragazzo, ragazza のほうがよりカジュアルな語感だが、意味に実質的な違いはない。

381 Che cosa ti piace di me?
[ケ・コザ・ティ・ピヤーチェ・ディ・メ]
▶ 私のどういうところが好き？

A: **Che cosa ti piace di me?**
B: Mah… mi piace il fatto che sei molto affettuosa, molto dolce…

> *A: 私のどういうところが好き？
> B: そうだね…すごく愛情深いところとか、とっても優しいところとか…。

★Che cosa ti piace di …?: ～の何がきみに好まれるか→きみは～の何が好き？
★il fatto che …: ～であるという事実。
★affettuoso: 愛情豊かで優しい。
★dolce: うっとりするくらい優しい。

CAPITOLO 8

382 Non c'è niente tra di noi.
[ノン・チェ・ニエンテ・トラ・ディ・ノイ]
▶ 私たちの間には何もない。

A: Ultimamente ti vedo spesso con Sara. Magari, vi siete messi insieme?
B: Ma no! **Non c'è niente tra di noi.** Siamo solo amici.

*A: 最近、あなたよくサーラといるね。もしかして、付き合い始めたの？
 B: そんなことないよ！ ぼくたちの間には何もないよ。ただの友達だよ。

★Ti vedo spesso con ...：（私は）きみが〜といるところをよく見かける。
★magari： ひょっとして。
★mettersi insieme： 付き合い始める。vi siete messi insieme は近過去。

383 È stato un colpo di fulmine.
[エ・スタート・ウン・コルポ・ディ・フルミネ]
▶ ひとめぼれした。

A: A proposito, dove hai conosciuto tua moglie?
B: In un treno. Sai, **è stato un colpo di fulmine**…

*A: ところで、あなたの奥さんとはどこで知り合ったの？
 B: 電車の中だよ。あのね、ひとめぼれだったんだ…。

★a proposito： ところで（⇒ 30 ）。
★sai： あのね。sapere（知っている）の活用形で、相手の注意を引く用法（⇒ 8 ）。
★colpo di fulmine： ひとめぼれ。直訳は「かみなりの一撃」。文頭の è stato（〜だった）は essere の近過去。

384 La nostra storia è già finita.
[ラ・ノストラ・ストーリヤ・エ・ジャ・フィニータ]
▶ 私たちの関係はもう終わった。

A: Ma non vedi che **la nostra storia è già finita**?
B: Ma non è finita affatto!

*A: 私たちの関係はもう終わったって、わからないの？
 B: いや、全然終わってないね！

★Non vedi che ...?： 〜だということがわからないの？
★non ... affatto： 全然〜ない。

385 Ho litigato con la mia ragazza.
[オ・リティガート・コン・ラ・ミーヤ・ラガッツァ]
▶ 彼女とけんかした。

A: Giorgio, ti vedo un po' giù. Ma cos'è successo?
B: **Ho litigato con la mia ragazza.** Forse questa volta… sarà la fine.

*A: ジョルジョ、なんか元気がないみたいだね。どうしたの？
B: 彼女とけんかしたんだ。今回はもう…だめかもしれない。

★un po' giù：ちょっと元気がない（⇒ 208 ）。
★succedere：起きる。Cosa è successo?（何が起きた）を縮めると Cos'è successo? となる。
★litigare con ＋ 人：〜と口論する。
★sarà：〜であるかもしれない。未来形で現在の事柄に関する推量を表している。

386 Sto cercando il mio principe azzurro.
[スト・チェルカンド・イル・ミーヨ・プリンチペ・アッヅゥッロ]
▶ 理想の王子様を探しています。

A: Sto cercando il mio principe azzurro.
B: Ma come sarà? E soprattutto dove potrai trovarlo?

*A: 私、理想の王子様を探しているの。
B: いったいどんな人なんだろうね？　それに肝心なのは、どこで見つけられるか、だね。

★il principe azzurro：理想の王子様。principe（王子）につく形容詞 azzurro（青い）は、おとぎ話の中の若くて美しい王子様が青い服を着ていることにちなんでいる。「理想の男性」をこのように表現する。
★soprattutto：とりわけ。「とりわけ重要であるのは」という気持ちが入っている。

CAPITOLO 8

387 Sono tornato con la mia ex.
[ソノ・トルナート・コン・ラ・ミーヤ・エクス]
▶ 元カノとよりを戻した。

A: Sì, è vero che **sono tornato con la mia ex.** Ma come fai a saperlo?
B: Ma se me l'hai detto proprio tu!

 A: そう、たしかにぼくは元カノとよりを戻した。でもなんで知ってるの？
 *B: あなたが教えてくれたんじゃないの！

★tornare con la propria ex：元カノ、元妻とよりを戻す（propria に所有形容詞を当てはめる）。「元カレ、元夫」なら il mio ex。なお、ex は「元〜」を表す接頭辞。省略せずに言えば、la mia ex-ragazza（元カノ）、il mio ex-marito（元夫）など。

★Come fai a saperlo?：なんで知ってるの？ 直訳は「きみはどのようにしてそれを知っているのか」。近過去で、Come hai fatto a saperlo? と言うこともある。

★se me l'hai detto proprio tu の se は「〜である以上」という意味。「まさにあなたがそれを私に教えてくれた以上は（私が知っていてあたりまえじゃない！）」の括弧内が省略された言い方。

388 Avevo tanto successo con le ragazze.
[アヴェーヴォ・タント・スッチェッソ・コン・レ・ラガッツェ]
▶ モテモテだった。

A: Ai tempi del liceo **avevo tanto successo con le ragazze.** Ho frequentato anche una ragazza ungherese.
B: Ah sì? Com'era questa ragazza?

 A: 高校時代、僕は女の子にモテモテだったんだ。ハンガリー人の女の子と付き合ったこともあるよ。
 *B: あ、そうなの？ どんな子だった？

★ai tempi di ...：〜の時代に。liceo は「高校」。

★avere tanto successo con ...：〜にすごくモテる。

★frequentare：〜と付き合う。恋愛以外の文脈でも使われる。例：Secondo me, non devi frequentare questa gente.（そんな人たちと付き合わないほうがいいと思うよ。）

389 Non faccio altro che pensare a te.
［ノン・ファッチョ・アルトロ・ケ・ペンサーレ・ア・テ］
▶ **きみのことばかり考えてる。**

A：Elena, io, di giorno e di notte, **non faccio altro che pensare a te.**
B：Anch'io penso sempre a te…

　A：エレナ、ぼくはね、昼だろうと夜だろうと、きみのことばかり考えてるんだ。
*B：私も、いつもあなたのことを考えてる。

★non fare altro che ＋ 不定詞：〜してばかりだ、〜以外のことはしない。non と che のセットで、「〜以外は…ない」という言い回し。
★pensare a ＋ 人：〜のことを考える。

390 Ti amerò per tutta la mia vita.
［ティ・アメロ・ペル・トゥッタ・ラ・ミーヤ・ヴィータ］
▶ **あなたを一生愛し続けます。**

A：Ti amerò sempre.
B：Anch'io. **Ti amerò per tutta la mia vita.**

*A：あなたのこと、ずっと愛し続ける。
　B：ぼくもだよ。きみを一生愛し続けるよ。

★amare：愛する。amerò は未来形、io の活用。ti amerò (きみを愛する) を t'amerò と縮めることもある。
★per tutta la mia vita：私の全人生の間。期間を表す前置詞 per (〜の間) は省略可。mia (私の) を入れず per tutta la vita と言っても OK。

391 Come ti permetti di dire queste cose?

[コメ・ティ・ペルメッティ・ディ・ディーレ・クゥエステ・コーゼ]
▶ よくもそんなひどいことが言えたもんだ。

A: Tu non sei stata sincera con me e mi hai detto mille bugie.
B: Ma **come ti permetti di dire queste cose?** Non è affatto vero!

 A: きみはぼくに対して誠実じゃなかったし、いっぱい嘘もついたね。
 *B: よくそんなひどいことが言えるね！ 全然違うし！

★sincero: 誠実な。

★bugia: 嘘。

★Come ti permetti di + 不定詞?: よくも～することができるものだ。permettersi di + 不定詞（～することを自分に許す）を tu の活用にして、「どうやったらきみは自分に～することを許すことができるのか→そんなことするなんて信じられない！」という表現。

★non ... affatto: まったく～ない。

392 Sei la cosa più bella che mi sia mai capitata.

[セイ・ラ・コーザ・ピィウ・ベッラ・ケ・ミ・スィーヤ・マイ・カピタータ]
▶ ぼくの人生で、きみがいることほど素敵なことはないよ。

A: **Sei la cosa più bella che mi sia mai capitata**!
B: Ma Luigi... grazie, sono felicissima!

 A: ぼくのこれまでの人生で、きみがいることほど素敵なことはないよ。
 *B: そんな、ルイージ…ありがとう、とってもうれしい！

★la cosa più bella: 最もすばらしいもの。

★che mi sia mai capitato: 私にかつて起こった中で。che は関係代名詞。先行詞が相対最上級の場合、che のあとで接続法過去が使われることが多い。sia capitato は capitare（起こる）の接続法過去。mai（今までに、かつて）は、肯定文中では否定を意味しない。

174 CAPITOLO 8

Capitolo 9
熟語・慣用句 フレーズ

イタリアの文化・習慣に由来した、
興味深い熟語や慣用表現を学んでみよう。
ちょっとこなれた言い回しを身につければ、
相手から一目置かれること間違いなし？

393 in gamba
[イン・ガンバ]
▶ しっかりした

A : Roberta è una ragazza davvero **in gamba**.
B : Sì, è molto brava.

　　*A : ロベルタはとってもしっかりした子だね。
　　 B : うん、とても優秀だ。

★in gamba: しっかりした、優秀な。gamba は「脚」を意味するが、in gamba でこのようなポジティブな意味になる。「しっかりね、がんばってね」と言いたいときも、In gamba! で OK。

394 per eccellenza
[ペレッチェッレンツァ]
▶ 何と言っても

A : Qual è la montagna più alta del Giappone?
B : È il monte Fuji. È la montagna giapponese **per eccellenza**.

　　*A : 日本で一番高い山って何？
　　 B : 富士山だよ。日本の山と言ったら、何と言っても富士山だね。

★la montagna più alta: 最も高い山。"定冠詞 + 名詞 + più + 形容詞" で「最も~な…」と、最上級を表す。

★per eccellenza: 代表的な~。È la montagna giapponese per eccellenza. の直訳は「(富士山は) 代表的な日本の山だ」。

395 all'ultimo momento
[アッルゥルティモ・モメント]
▶ ぎりぎりのタイミングで

A : Parti domattina, no? Sei pronta per il viaggio?
B : No, devo ancora fare la valigia. Ho questo vizio di fare le cose sempre **all'ultimo momento**.

　　 A : 明日の朝出発するんでしょ？　もう旅行の用意はできた？
　　*B : ううん、まだ荷造りしなきゃ。いつも何でもぎりぎりにする悪い癖があるの！

★domattina: 明日の朝。domani mattina の同義語。

★fare la valigia: 荷造りをする。

★avere il vizio di + 不定詞: ~する悪い癖がある。

176　CAPITOLO 9

396 per caso
[ペル・カーゾ]
▶ ひょっとして

A : Non hai visto **per caso** la mia sciarpa? Non la trovo da stamattina.
B : Prova a cercarla in macchina. Credo di averla vista lì.

 A：ひょっとしてぼくのマフラー見なかった？　今朝から見つからないんだ。
*B：車を探してみたら？　車の中で見た気がするよ。

★per caso: ひょっとして、偶然にも。
★sciarpa: マフラー。
★provare a + 不定詞: 試しに〜する。prova は tu に対する命令法。
★credere di aver [essere] + 過去分詞: 〜した気がする、〜したと思う。

397 ciò nonostante
[チョ・ノノスタンテ]
▶ それにもかかわらず

A : Luca sapeva bene che non era il caso ma **ciò nonostante** ha voluto continuare così.
B : E adesso ne vediamo le conseguenze.

*A：ルーカはそうしないほうがいいってよくわかっていたのに、あのまま続けることを望んだのよ。
 B：それで今、その悪い結果が現れてるんだね。

★non essere il caso: （そうすべき）場合ではない（⇒ 177 ）。
★ciò nonostante: それにもかかわらず。
★conseguenza di ...: 〜の結果。会話例では "di ..." の部分を ne で受けている。

398 Per forza.
[ペル・フォルツァ]
▶ しかたない。

A : E devi andare tu alla riunione?
B : **Per forza.** Nessuno vuole andarci.

 A：で、きみが会議に出なきゃいけないの？
*B：しょうがないの。誰も出たがらないから。

★per forza: どうしても、しかたなく、望もうが望むまいが。
★nessuno: 誰も〜ない。nessuno を文頭に置くと、動詞を否定する non が不要になる。
★andarci: そこに行く。ci（そこに）は alla riunione（会議に）を受けている。

CAPITOLO 9

399 caso mai
[カゾ・マーイ]
▶ 何だったら

A: Vieni a teatro con noi sabato sera?
B: Verrei volentieri, ma non so ancora se avrò tempo. **Caso mai** vi faccio sapere venerdì.

 A: 土曜の夜、ぼくたちと芝居を見に行かない？
*B: とっても行きたいところだけど、時間があるかどうかまだわかんないなあ。何だったら、金曜に連絡するよ。

★venire:（自分と一緒に）行く、（相手と一緒に／相手がいるほうに）行く。verrei は条件法現在。「できれば行きたいところだが」というニュアンス。

★caso mai: 何なら。

★fare sapere: 知らせる。

400 dopo di che
[ドーポ・ディ・ケ]
▶ そのあとで

A: Com'è andata la serata di ieri?
B: Abbastanza bene. Prima siamo andati in un ristorante e abbiamo mangiato una pizza. **Dopo di che** abbiamo preso un autobus e siamo andati al cinema.

 A: 昨日の晩はどうだった？
*B: わりとよかったよ。まずレストランに行って、ピザを食べた。そのあとで、バスに乗って映画に行ったんだ。

★dopo di che: そのことのあとで。この表現のように、che が「そのこと」を表す名詞として使われることがある。例: Questo non è un albergo bensì un ostello, il che significa che i servizi sono piuttosto limitati.（これはホテルではなくホステルだ。このことは、サービスがかなり限られていることを意味する。）

178　CAPITOLO 9

401 lì per lì
[リ・ペル・リ]
▶ **その場では／とっさに**

A: E cosa le hai risposto?
B: **Lì per lì,** non ho potuto dire nulla.

　　*A: で、彼女には何と返事したの？
　　 B: とっさには何も言えなかったよ。

★rispondere: 返事する。risposto は過去分詞。
★lì per lì: その場では、とっさには。「熟考する時間がない状態」を表す。
★nulla: 何も〜ない。同義語の niente で置き換えることもできる。

402 scherzi a parte
[スケルツィ・ア・パルテ]
▶ **冗談はさておき**

A: Sei molto bravo a spiegare le cose in modo molto divertente.
B: Grazie. Ma **scherzi a parte,** adesso penso che sia più chiaro il nostro obiettivo.

　　*A: あなた、おもしろおかしく説明するのがとっても上手だね。
　　 B: ありがとう。冗談はさておいて、これで目的がはっきり見えてきたんじゃないかな。

★a parte: 脇に置いておいて、取っておいて。
★obiettivo: 目的。

403 Sono senza parole.
[ソノ・センツァ・パローレ]
▶ **言葉がない。**

A: Che bel panorama…
B: Sì, **sono senza parole**…

　　 A: なんて美しい眺めだろう…。
　　*B: うん。言葉がないわ…。

★essere senza parole: 驚いて言葉が出ない。いい意味でも悪い意味でも使われる。

CAPITOLO 9　179

404 Acqua in bocca!
［アックワ・イン・ボッカ］
▶ 内緒にしといてね！

A : Quindi Matteo non sta più con Elisabetta?!
B : Proprio così. Ma mi raccomando, **acqua in bocca!** Non dirlo a nessuno.

*A : じゃあ、マッテーオはもうエリザベッタと付き合ってないの？！
 B : そうなんだよ。だけど頼むよ、内緒だからね！　誰にも言っちゃだめだよ。

★stare con ＋ 人：〜と付き合う。
★proprio così：まさにそういうふうになっている、まさにその通りだ。
★Mi raccomando!：頼むよ（⇒ 250 ）。
★Acqua in bocca!：内緒にしておいてね！「口に水が入っていると話せないこと」に由来する表現と言われている。

405 Apro una parentesi.
［アプロ・ウナ・パレンテズィ］
▶ 余談ですが…

A : E hai fatto appena in tempo a salire sul treno.
B : Giusto. Ah, adesso **apro una parentesi.** A bordo ho visto una ragazza che, appena partito il treno, ha cominciato a piangere. E poi…

*A : それで、ぎりぎり電車に乗れたんだね。
 B : そうなんだ。ああ、そうそう、ちなみにこんなエピソードがあるよ。車内でね、電車が出発したとたんに泣き出した女の子を見たんだ。それでね…。

★fare appena in tempo a ＋ 不定詞：ぎりぎり〜するのに間に合う。
★Giusto.：そうなんだよ、その通り。相手の発言が正しいことを表すフレーズ。
★aprire una parentesi：脱線話をする、余談をする。
★a bordo：車内で、乗り物の中で。
★cominciare a ＋ 不定詞：〜し始める。

406 Scusa la parola.
［スクゥーザ・ラ・パローラ］
▶ こんな表現を使って悪いんだけど。

A：Com'è Roberta? Non la conosco bene.
B：Lei è, **scusa la parola,** una vera stronza!

　　A：ロベルタってどんな人？　よく知らないんだ。
　＊**B**：彼女はね、こんな表現を使って悪いんだけど、本当にくそみたいな人だよ。

★Scusa la parola.：表現が悪くてごめんね。これから言おうとしていることが、parolaccia（悪い言葉、下品・卑俗な言葉）であることをあらかじめ詫びるフレーズ。直訳は「この言葉を許して」。

★stronzo：くそみたいな人（女性なら stronza）。不快な人物を指す言葉で、parolaccia のひとつ。

407 Siamo al verde.
［スィヤーモ・アル・ヴェルデ］
▶ 金欠です。

A：Complimenti, che bella casa! L'avete ristrutturata veramente bene!
B：Grazie. Ma abbiamo speso tantissimi soldi. Adesso **siamo al verde.**

　　A：すばらしいね、素敵な家だね！　本当に上手にリフォームしたね！
　＊**B**：ありがとう。でもお金がすっごくかかったよ。今、金欠でね。

★ristrutturare：改修する、リフォームする。l'avete の l' は「家を」を受ける代名詞 la（それを）。過去分詞 ristrutturato の語尾は la に合わせて女性単数形にする。

★spendere：（お金などを）費やす。speso は過去分詞。

★essere al verde：金欠である。この表現は、昔、ろうそくの根元が緑色で、そこまで達したら使える部分がなくなることに由来するとされる。

CAPITOLO 9　　181

408 senza rendertene conto
[センツァ・レンデルテネ・コント]
▶ 気づかないうちに

A: Chi è Jasmine Trinca? È un'attrice?
B: Sì. È bravissima, davvero in gamba. Tant'è vero che ha vinto un premio molto importante. Forse l'avrai già vista in qualche film, **senza rendertene conto**.

> A: ジャズミン・トリンカって誰？　女優さん？
> *B: そう。すごくいい女優で、すばらしいの。その証拠に、とても重要な賞を受賞したんだよ。ひょっとしたら何かの映画でもう見たことがあるかもよ、気づいてないだけで。

★in gamba: 有能な、すばらしい (⇒ 393)。

★Tant'è vero che ...: その証拠に〜だ。tanto ... che 〜 (とても…なので〜だ) を使った表現で、「それがとても本当なので、〜である」という意味。ここでは、「すばらしい女優だ、というのがまさに真実なので、賞をもらっている」というニュアンスを伝えている。ちなみにJasmineという名前は、sのあとに有声の子音mがあるので、濁って「ジャズミン」と発音される。

★rendersene conto: (そういった状況・状態に) 気づく。rendersi conto di ... (〜に気づく) の di 以下を代名詞 ne で受けた表現。senza rendertene conto は「きみがそれに気づかない間に」。

409 per l'ennesima volta
[ペル・レンネーズィマ・ヴォルタ]
▶ うんざりするくらい何度も

A: Stamattina ho sollecitato **per l'ennesima volta** il comune a risolvere il problema.
B: Speriamo che questa volta facciano qualcosa.

> A: もううんざりするくらい何度も頼んでいるんだけど、今朝もまた市役所に催促して問題を解決してくれるよう頼んだよ。
> *B: 今回こそ本当に動いてくれるといいね。

★sollecitare ... a + 不定詞: …に〜するよう催促する。

★per l'ennesima volta: これまでにも何度もしているが、また今回も。"per la + 序数詞の女性単数形 + volta"で、「〜度目の試みとして」を表す。例: per la terza volta (3度目の試みとして)　ennesimaは「いろいろな数字が入る可能性がある変数 n」の序数詞化した形。「n 度目の試みとして」は、「今まで何度も試みたがうまくいかず、ここでもう一度トライしてみる」という気持ちを表している。

CAPITOLO 9

410 strano a dirsi
［ストラーノ・ア・ディルスィ］
▶ 奇妙な話だけど

A: Ma che storia!
B: Sì, **strano a dirsi**, ma questa è la realtà.

*A: なんて話でしょう！
B: うん、奇妙な話なんだけど、これが現実なんだよね。

★strano a dirsi: 奇妙な話なんだけど。è strano a dirsi（言うのは奇妙だ）のèが省略された形。普通、「〜するには…だ」は "essere + 形容詞 + da + 不定詞" で表すが、不定詞に非人称・受け身のsiがつくと、daの代わりにaが使われると考えられる。例: difficile a capirsi [da capire]（理解しがたいことなんだけど）

411 In bocca al lupo!
［イン・ボッカ・アッルゥーポ］
▶ がんばってね！

A: **In bocca al lupo** per l'esame!
B: Crepi!

A: 試験、がんばってね！
*B: ありがとう！

★In bocca al lupo!:（これから試験などに臨む人に対して）がんばってね！ 直訳は「いざ狼の口の中に」。これに対する返事として、Crepi! または Crepi il lupo!（狼なんかくたばってしまえ！）と言う。crepi は crepare（くたばる）の接続法現在で、願望を表す用法。

412 Mi piace da morire.
［ミ・ピヤーチェ・ダ・モリーレ］
▶ すっごく好き。

A: Ti piace Pino Daniele?
B: Sì, **mi piace da morire.** La sua voce è proprio unica. Peccato che sia morto così giovane.

A: ピーノ・ダニエーレは好き？
*B: うん、すっごく好き。彼みたいな声の歌手はほかにはいないね。こんなに若く亡くなって残念。

★da morire: すっごく。直訳は「死ぬほど」。
★unico: 唯一無二の。
★Peccato che + 接続法: 〜して残念だ。

CAPITOLO 9   183

413 non più di tanto
[ノン・ピィウ・ディ・タント]
▶ たいして

A: Lo vedi spesso?
B: No, **non più di tanto.** Forse un paio di volte all'anno.

*A: 彼によく会う？
B: ううん、あんまり。年に2、3回くらい会うかな。

★non più di tanto: たいして～しない、あまり～ない。più di tanto は比較の表現で、tanto はこの熟語の場合、「ときどき」程度の意味を持つ。più di tanto に non をつけると「ときどきよりも多い頻度ではない→たいして～ではない」を意味する。例: Mi dispiace non aver potuto aiutarti più di tanto. (あまりお手伝いできなくてごめんね。)

★un paio di ...: 2、3の～。all'anno は「1年につき」の意。

414 già che ci sei
[ジャ・ケ・チ・セーイ]
▶ ついでに

A: Quindi al supermercato prendo il latte e i biscotti, giusto?
B: Sì, e **già che ci sei**, puoi passare anche dal panificio?

A: じゃあ、スーパーで牛乳とクッキーを買ってくればいいんだね？
*B: そう。で、ついでに、パン屋さんにも寄ってくれるかな？

★Giusto?: それで合ってる？
★già che ...: ～なので。理由を表す。già che ci sei の直訳は「あなたがそこにいるので」。この会話では「買い物に出たついでに」のニュアンス。「私が買い物に出たついでに」なら、già che ci sono と言う。
★passare da ...: ～に立ち寄る。
★panificio: パン屋さん。

415 Che fine ha fatto?
［ケ・フィーネ・ア・ファット］
▶ どうなっちゃったんだろう？

A: Ma **che fine ha fatto** Matteo? Ultimamente non lo vedo mai all'università.
B: Non sai che ha sospeso gli studi ed è partito per gli Stati Uniti?

　　A：マッテーオはどうしちゃったの？　最近、大学で全然会わないけど。
　*B：あれ、知らない？　休学して、アメリカに行ったんだよ。

★Che fine ha fatto?：どうなってしまったんだろうか。fine は「終わり、結末」の意。しばらく消息を聞かない人や、見かけない物についても使える。例：Che fine ha fatto quella borsa?（あのバッグ、どこに行っちゃったんだろうね？）

416 È meglio di niente.
［エ・メッリョ・ディ・ニエンテ］
▶ ないよりはましだ。

A: Mi dispiace che questo sistema non funzioni tanto bene.
B: Sì, ma **è meglio di niente.**

　　A：このシステムがあまりうまく機能しないのは残念だな。
　*B：うん、でもないよりはましだから。

★Mi dispiace che + 接続法：〜で残念だ。
★funzionare：機能する。funzioni は接続法現在。
★È meglio di niente.：ないよりはいい。直訳は「無よりはよい」。

417 Sono rimasto di stucco.
［ソノ・リマスト・ディ・ストゥッコ］
▶ あぜんとした。

A: Quando Sara mi ha detto così, **sono rimasto di stucco.**
B: Chissà cosa le passava per la testa.

　　A：サーラがこう言ったとき、驚いて何も言えなかったよ。
　*B：彼女は何を考えてたんだろうねえ…。

★rimanere di stucco：驚いて何も言えない、あぜんとする。rimasto は rimanere（〜な状態に留まる）の過去分詞。
★passare：（頭の中などを）よぎる。

CAPITOLO 9　185

418 nella migliore delle ipotesi
[ネッラ・ミッリョーレ・デッレ・イポーテズィ]
▶ 最もうまくいった場合

A: **Nella migliore delle ipotesi**, le merci saranno fornite in aprile.
B: E nella peggiore delle ipotesi?

　　A: 最もうまくいった場合、商品は4月に入荷するだろう。
　*B: で、最悪の場合は？

★ipotesi: 仮定。単複同形の女性名詞。nella migliore delle ipotesi の直訳は「仮定の中で最良のものにおいては」。"定冠詞 + migliore（よりよい）"で相対最上級「最良の（もの）」、同様に"定冠詞 + peggiore（より悪い）"で「最悪の（もの）」を表す。
★fornire: 供給する、提供する。

419 Non mettere il becco.
[ノン・メッテレ・イル・ベッコ]
▶ 口出ししないで。

A: Ma cos'è questo? Non potresti disegnare qualcosa di più allegro?
B: Ma cosa dici! Più allegro di così… E poi, **non mettere il becco** in cose che non ti riguardano.

　*A: 何これ。もっと明るい絵を描けないの？
　　B: そんな、十分明るいじゃないか！　余計な口出しはしないでくれる？

★disegnare:（絵の具以外の道具で、絵を）描く。絵の具やペンキを使う場合は dipingere（描く）。
★qualcosa di più allegro: もっと陽気なもの。
★più allegro di così…: これ以上陽気なものは（ありえない）。文の後半は文脈から自明なので省略されている。
★mettere il becco in …: 〜に口出しする。becco の原義は「くちばし」。
★riguardare: 関係する。cose che non ti riguardano は「きみに関係のないこと」。

420 Ti do la mia parola.
[ティ・ド・ラ・ミーヤ・パローラ]
▶ 約束するよ。

A: Me lo prometti davvero?
B: Sì, **ti do la mia parola.**

*A: 本当に約束できる？
B: うん、約束するよ。

★promettere: 約束する。me lo は「私にそのことを」の意。

★dare la propria parola a + 人: ～に約束する (propria に所有形容詞を当てはめる)。直訳は「～に自分の言葉を与える」。似た表現に、Hai la mia parola. (きみに約束するよ) もある。

421 Non posso farne a meno.
[ノン・ポッソ・ファルネ・ア・メーノ]
▶ そうせずにはいられない。

A: Dai, smettila di mangiarti le unghie.
B: Lo so, ma **non posso farne a meno.**

*A: ほら、爪を嚙むのはやめなさい。
B: わかってはいるんだけど、どうしてもやめられないんだよね。

★smetterla di + 不定詞: ～するのをやめる。

★mangiarsi le unghie: 爪を嚙む。

★fare a meno di + 不定詞: ～なしですます。Non posso fare a meno di mangiarmi le unghie. なら「私は爪を嚙まずにはいられない」だが、di 以下のことが自明であれば、代名詞 ne で受け、Non posso farne a meno. と言う。

422 Ci sono alti e bassi.
[チ・ソノ・アルティ・エ・バッスィ]
▶ いいときも悪いときもある。

A: Adesso come va la vita? Va meglio?
B: **Ci sono alti e bassi,** ma tutto sommato va molto meglio, grazie.

*A: で、今の人生の状況はどう？ 前よりよくなった？
B: いいときも悪いときもあるけど、おおむね、前よりずいぶんいいよ。聞いてくれてありがとう。

★Ci sono alti e bassi.: 好調なときも低調なときもある。

★tutto sommato: 結局のところ、総合したところ。

CAPITOLO 9　187

423 Ognuno ha i suoi tempi.
[オンニューノ・ア・イ・スゥウォーイ・テンピ]
▶ 人それぞれです。

A : Teresa sa già fare tante cose, mentre Nicola è un po' lento…
B : Sai, **ognuno ha i suoi tempi.** È naturale che siano diversi nel crescere.

　*A : テレーザはもういろんなことができるんだけど、ニコーラはちょっと遅くてゆっくりなんだよね。
　　B : でもね、人それぞれだよ。成長の仕方が違うのは当然だよ。

★mentre : 一方で。
★ognuno : おのおの、各自。「各自が i suoi tempi（自分のリズム、タイミング）を持っている」という表現で、「育ち方や学習のリズムは人それぞれだ」という意味を表す。
★È naturale che … : ～であるのは当然だ。siano は essere の接続法現在。
★nel crescere : 成長する中で。"in + 定冠詞 + 不定詞"で、「～する中で」を表す。

424 È difficile rompere il ghiaccio.
[エ・ディッフィーチレ・ロンペレ・イル・ギヤッチョ]
▶ 打ち解けるのは難しい。

A : Quando ti trovi a una festa, riesci a parlare con le persone che non conosci?
B : Mah… è sempre **difficile rompere il ghiaccio.** Di solito comincio con una frase tipo "Bella festa, eh?"

　*A : パーティーで、知らない人と話すことはできる？
　　B : うーん、話の口火を切るのはいつも難しいね。普段は、「いいパーティーだね」とか何とか言って話し始めるよ。

★riuscire a + 不定詞 : （試みた結果）～できる。
★rompere il ghiaccio : （知らない人同士や議論の場で）最初の緊張を打ち破って話し始める。ghiaccio は「氷」の意。
★tipo : たとえば、～みたいな (⇒ 13)。

188　CAPITOLO 9

425 Ce l'ho sulla punta della lingua.
[チェ・ロ・スッラ・プゥンタ・デッラ・リングゥワ]
▶ 舌先まで出かかってるんだけど。

A: E come si chiama questa persona?
B: **Ce l'ho sulla punta della lingua**…

　　*A: で、その人は何て名前なの？
　　B: 舌先まで出かかってはいるんだけど…。

★questo: (話題にのぼっている) その〜。日本語では「その」だが、イタリア語では questo (この) を使う。

★avercelo sulla punta della lingua: 舌先まで出かかっているのに出てこない。ce l'ho は「私はそれを (=lo) 持っている」で、ce (=ci のあとに l' があるために音が変化した形) には特定の意味はない。punta は「先」、lingua は「舌」の意。

426 Non fanno altro che rompere le scatole.
[ノン・ファンノ・アルトロ・ケ・ロンペレ・レ・スカートレ]
▶ うっとうしいことをしてばかりだ。

A: Quindi devi rifare la pratica?
B: Sì, esattamente. Quei funzionari **non fanno altro che rompere le scatole** alla gente.

　　*A: じゃあ、手続きをやり直さないといけないの？
　　B: そうなんだよ。あの役人たちは人をうんざりさせることばかりしてるんだよ。

★pratica: 手続き、申請。

★funzionario: 役人。もともとは民間企業も含む「職員」を表す語だが、「公的機関で働く人」を指すことが多い。

★non fare altro che + 不定詞: 〜以外何もしない、〜してばかりいる。

★rompere le scatole a + 人: 〜をうんざりさせる、〜にうっとうしいことをする。また、そのようなうっとうしい人のことを rompiscatole と言う。

CAPITOLO 9

イタリア語索引

A

A che punto siamo?	147
A che serve?	70
A chi posso rivolgermi?	146
A chi tocca?	142
A dire la verità,	75
A dopo.	22
A lei la parola.	148
A posto così.	128
A proposito,	14
A quanto pare,	69
Abbiamo fatto bene.	66
Abbiamo fatto tardi.	91
Accidenti!	36
Acqua in bocca!	180
Addirittura?	37
Al ladro!	114
Alla prossima!	21
Allora?	6
all'ultimo momento	176
Altrettanto.	11
Anche a me.	25
Anche l'altra volta.	52
Ancora?	36
Anzi.	12
Appunto.	6
Apro una parentesi.	180
Arrivo.	85
Aspetto con ansia.	49
Aspetto un bambino.	161
Attenda un attimo.	140
Attento!	110
Avevo tanto successo con le ragazze.	172
Avremo modo di parlarne ancora.	150

B

Beati voi!	41
Buon appetito.	125
Buon lavoro.	140
Buon proseguimento.	124
Buona idea!	61
Buona serata!	21
Buongiorno a tutti.	23

C

Capita anche a me.	77
caso mai	178
Caspita!	37
Ce l'hai con me?	54
Ce l'hai la ragazza?	165
Ce l'ho fatta!	90
Ce l'ho sulla punta della lingua.	189
C'è l'imbarazzo della scelta.	98
C'è qualcosa che non va.	169
C'è scritto qualcosa.	93
C'è un bar molto carino.	135
C'è un bel calduccio.	99
Che assurdità!	44
Che bella giornata!	89
Che bella sorpresa!	49
Che c'entri tu?	51
Che ci vuole?	72
Che coincidenza!	39
Che cosa danno al cinema?	136
Che cosa ti piace di me?	169
Che faccia tosta!	46
Che fine ha fatto?	185
Che invidia!	40
Che ne dici?	28
Che ne sai?!	163
Che ne so…	27
Che noia…	41
Che peccato!	41
Che pizza!	42
Che senso ha?	73
Che sollievo!	43
Che testarda!	46
Che vuol dire?	28
Chi credi di essere?!	57
Chi lo sa?	29
Chi parla?	85
Chi si vede!	49
Chiedo scusa.	22
C'ho fame.	86
Ci facciamo una foto insieme?	136
Ci ho messo un'intera giornata.	104
Ci mancava solo questo!	57
Ci mancherebbe.	22
Ci mettiamo lì?	93
Ci penso io.	66
Ci salutiamo all'italiana?	95
Ci sentiamo per telefono.	144
Ci siamo?	16
Ci siamo lasciati.	162
Ci sono alti e bassi.	187
Ci tengo molto a sottolineare questo fatto.	155
Ci voleva!	125
Ciao.	2
ciò nonostante	177
Come?	7
Come ci mettiamo d'accordo?	134
Come dire…	12
Come mai?	13
Come mai da queste parti?	101
Come no!	18
Come sarebbe a dire?	149
Come sei bella!	161
Come sei spiritoso…	52
Come si chiama quel coso…	103
Come ti capisco!	31
Come ti permetti di dire queste cose?	174
Come ti trovi?	89
Come vuoi.	14
Con piacere!	19
Contenta tu…	64
cortesemente	110
Cosa aspetti?	63
Cosa hai combinato?!	96
Cosa vuoi dire?	29
Cos'hai?	84
Così così.	62
Così fai prima.	70

D

Da quanto tempo!	23
Da quanto tempo state insieme?	168
Dai!	34
dal punto di vista economico,	152
Devo scappare.	85
Di che cosa si tratta?	151
Dici?	5
Dimmi.	4
Dipende.	60
Direi di sì.	27
Dividiamo il conto.	128

INDEX 191

dopo di che	178
Dov'è che hai studiato italiano?	102
Dove le fa male?	99
Dunque,	4

E

È che sono un po' stanco.	106
È compresa la prima colazione?	137
È difficile rompere il ghiaccio.	188
È meglio di niente.	185
È orribile.	62
È stato più forte di me.	81
È stato un colpo di fulmine.	170
È troppo tardi.	69
È un casino.	96
È una battuta?	30
È una seccatura.	47
È una situazione allucinante.	56
È venuto bene.	91
Ecco.	10
Ecco fatto.	87
Eccoci arrivati.	126
Eccome!	10
Era in offerta.	131
Ero distratto.	86
Evviva!	34

F

Fa schifo!	44
Facciamo che...	62
Facciamo una pausa.	141
Faccio fatica.	87
Fai come ti pare.	120
Falla finita!	111
Fammelo assaggiare.	127
Farò del mio meglio.	145
Fatti sentire.	114
Figurati.	8
Finalmente!	35
Finalmente siamo soli.	160
Fuochino!	60

G

Gentilissimo!	11
Già.	3
già che ci sei	184
Glielo manderemo quanto prima.	147
Grazie a te.	24
Grazie lo stesso.	24
Grazie per la tempestività.	144
Guarda,	3

H

Ha sbagliato numero.	141
Hai fatto le ore piccole?	105
Hai presente?	15
Hai ragione.	13
Hai visto?	15
Ho bevuto troppo.	128
Ho fatto mille solleciti.	150
Ho fatto una levataccia.	101
Ho lasciato mio marito.	165
Ho litigato con la mia ragazza.	171
Ho un appuntamento.	144

I

I tuoi occhi sono bellissimi.	167
In bocca al lupo!	183
In che modo posso esserle utile?	152
In che senso?	143
in gamba	176
In un certo senso,	75
Infatti.	6

L

La nostra storia è già finita.	170
La prego di essere breve.	151
Lascia stare.	114
Le serve un sacchetto?	133
lì per lì	179
Lo trovo simpatico.	161

M

Ma insomma...	40
Ma non dovevi!	25
Ma pensa te!	47
Magari!	9
Mamma mia!	39
Manca una forchetta.	132
Mannaggia!	38
Me ne scuso.	142
Meglio di così...	50
Meno male!	38

Mi dica lei quando.	145
Mi dispiace.	42
Mi è venuta in mente un'idea.	153
Mi fai il solletico.	101
Mi ha colpito molto.	75
Mi ha detto di no.	102
Mi ha fatto impressione.	54
Mi ha fatto la corte.	168
Mi ha fatto piacere rivederti.	58
Mi ha sbattuto il telefono in faccia.	107
Mi ha tradito.	163
Mi hai cercato?	91
Mi mancherai tanto.	159
Mi piace da morire.	183
Mi piaci veramente.	160
Mi raccomando!	112
Mi riaggancio a quanto detto da lei.	155
Mi sa che...	68
Mi scappa.	88
Mi sembra di aver capito che...	154
Mi sono arrangiato.	94
Mi sono chiuso fuori dalla camera.	138
Mi sta a cuore.	74
Mi sta dicendo che...?	145
Mi vergogno...	45
Mi viene da piangere.	55

N

nella migliore delle ipotesi	186
Nemmeno io.	18
Niente.	10
Non abbiamo avuto fortuna.	55
Non avere paura.	119
Non c'è campo.	97
Non c'è nessun problema.	31
Non c'è niente da fare.	80
Non c'è niente tra di noi.	170
Non ci posso credere!	53
Non è che non voglio.	80
Non è colpa mia.	77
Non è detto.	65
Non è il caso.	78
Non è il massimo.	76
Non esageriamo.	115

Non esci stasera?	129
Non essere così polemico.	121
Non faccio altro che pensare a te.	173
Non fanno altro che rompere le scatole.	189
Non fare complimenti.	119
Non funziona.	87
Non ho idea.	30
Non insisto.	64
Non intendevo dire questo.	149
Non lo sopportavo più.	166
Non lo vedo da un po'.	105
Non me ne importa niente.	79
Non mettere il becco.	186
Non mi ispira tanto.	77
Non mi sono spiegata.	148
Non mi torna.	67
Non ne posso più!	56
non più di tanto	184
Non posso farne a meno.	187
Non posso lamentarmi.	72
Non prendermi in giro.	122
Non rimanerci male.	118
Non scherziamo!	115
Non se ne parla nemmeno.	79
Non so che dirti...	32
Non so come ringraziarti.	32
Non suona bene.	95
Non ti accorgi di niente?	102
Non ti conviene.	69
Non ti disturbare.	117
Non ti preoccupare.	116
Non ti riconosco.	71
Non ti scandalizzare.	118
Non trovi?	17
Non vedo l'ora!	46
Non voglio più vederti.	167

O
Oddio!	36
Ognuno ha i suoi tempi.	188
Ora basta.	45

P
Pago io.	126
Pazienza.	35
Peggio di così...	48
Peggio per loro.	74
Penso di sì.	26
Per carità.	113
per caso	177
Per chi fai il tifo?	135
Per cortesia.	113
per eccellenza	176
Per forza.	177
per l'ennesima volta	182
Per niente.	16
Per quanto ne sappia,	78
Perché no?	19
Perché non andiamo al cinema?	136
Perché non me l'hai detto prima?	58
Però.	34
Più o meno.	68
Porti bene gli anni!	100
Porti via?	125
Posso avere la ricevuta?	133
Posso avere un'altra coperta?	134
Posso baciarti?	158
Posso chiedertí un favore?	121
Posso dire la mia?	146
Potevi chiamarmi, no?	94
Potresti spiegarti meglio?	120
Poverina!	35
Prego.	11
Provo affetto.	158
Può fare una confezione regalo?	137
Può parlare più lentamente?	121

Q
Quanto sei ingenuo!	50
Quanto vi devo?	127
Quanto viene?	126
Quasi quasi me ne vado.	104
Questo è troppo.	48
Questo fine settimana cosa fai?	135

R
Rimani a cena con noi?	137

S
Sai,	5
Salutami i tuoi.	116
Salute.	84
Salve.	2
Sbrigati!	110
scherzi a parte	179
Scusa la parola.	181
Scusami se ti ho fatto aspettare.	138
Se ci penso...	26
Se non sbaglio,	67
Se ricordo bene,	68
secondo me	61
Sei capitato nel momento giusto.	103
Sei fortunato.	43
Sei la cosa più bella che mi sia mai capitata.	174
Sei sicuro?	17
Sei su facebook?	97
Senti,	4
Senti chi parla!	51
Sento una stanchezza che non ti dico.	107
senza rendertene conto	182
Sì è aperto un nuovo orizzonte.	153
Si può sapere il perché?	122
Si sono messi insieme.	166
Si sta bene.	131
Si va di qua?	132
Siamo al verde.	181
Soffermiamoci su questo punto.	150
Sono a dieta.	92
Sono allergica alla polvere.	100
Sono contenta per te.	53
Sono cose che capitano.	76
Sono curiosa di conoscerla.	134
Sono dell'idea che sia un'ottima scelta.	154
Sono di passaggio.	130
Sono distrutta.	86
Sono in riunione.	141
Sono innamorato di te.	164
Sono qui con il mio ragazzo.	169
Sono rimasto di stucco.	185
Sono senza parole.	179
Sono stufa.	39
Sono tornato con la mia ex.	172
Speriamo bene.	63

INDEX 193

Sto cercando il mio principe azzurro.	171
Sto scherzando.	20
strano a dirsi	183
Sul serio?	13

T

Tanto sarebbe inutile.	71
Te l'avevo detto.	73
Te lo presento.	132
Te lo prometto.	67
tempo permettendo,	88
Tesoro,	158
Ti amerò per tutta la mia vita.	173
Ti chiamerò uno di questi giorni.	105
Ti dà fastidio?	90
Ti dispiace se ti chiamo dopo?	106
Ti disturbo adesso?	89
Ti do la mia parola.	187
Ti do una mano?	99
Ti è piaciuto?	25
Ti prego.	112
Ti sei fatto male?	98
Ti sembra l'ora di telefonare?	104
Ti spiego in un altro modo.	81
Ti stanno benissimo!	131
Ti va di andare in discoteca?	138
Ti vedo giù.	93
Ti vedo stanco.	92
Ti voglio bene.	160
Tipo?	7
Toglimi una curiosità.	117
Tranquilla.	111
Tu mi fai impazzire!	164
Tu sei un genio.	78
Tutto a posto.	66
Tutto chiaro?	16
Tutto qui.	18

U

Un abbraccio!	20
Un attimo solo.	117

V

Vado?	124
Vado a curiosare.	130
Vado pazzo (per...)	65
Vedi qualcun altro?	162
Vedi tu.	14
Vediamo un po'.	30
Vedrai che tutto andrà bene.	80
Vedremo.	8
Vengo a prenderti.	129
Veniamo al dunque.	143
Vi saluto.	21
Volentieri!	9
Vorrei fare una ricarica.	97
Vuoi passare la notte qui?	168
Vuoi sposarmi?	159
Vuoi un passaggio?	130
Vuoi uscire con me?	165

日本語索引

あ
愛情を感じます。 158
あきれた状況だ。 56
味見させて。 127
あぜんとした。 185
あっちに座ろうか？ 93
あとでかけ直してもいい？ 106
あなたに何がわかるの?! 163
あなたのいいように決めて。 14
あなたの発言を受けて意見を言います。 155
あなたもね。 11
あなたを一生愛し続けます。 173
あのね 3, 5
アポイントがあります。 144
あまりうれしくない。 76
あまり気乗りしない。 76, 77
新たな可能性が開かれました。 153
ある意味 75
あるもので何とかしました。 94
あれ、何て名前だっけ？ 103
あんまりだ。 48

い
いい考えだね！ 61
いい天気だね！ 89
いいときも悪いときもある。 187
いいところに来たね。 103
いいなあ！ 41
いいね。 19
いくよ？ 124
いくらですか？ 126, 127
意見を言ってもいいですか？ 146
居心地はどう？ 89
急いで！ 110
いただきます。 125
イタリア式にあいさつしましょうか？ 95
一時滞在しているだけです。 130
一緒に写真を撮らない？ 136
いったいどうしてこんなところに？ 101
愛しい人 158
今行くよ。 85
いまいちだ。 62
今話して平気？ 89
意味ないよ。 73
いや、むしろ。 12

う
うちで夕食を食べていかない？ 137
打ち解けるのは難しい。 188
うっとうしいことをしてばかりだ。 189
うまくいかない。 87
うまくいきますように。 63
うまくできた。 91
うらやましい！ 40
うわー！ 39
浮気された。 163
うんざり。 39, 42, 47
うんざりするくらい何度も 182

え
映画に行くのはどう？ 136
えーっと 4
遠慮しないでね。 119

お
おいしく召し上がれ。 125
おかえり。 2
おごるよ。 126
お先にどうぞ。 11
おいしい！ 60
お仕事がんばってください。 140
恐れ入りますが 110
お大事に。 84
落ち着いて。 111
お次の方どうぞ。 142
おっと！ 36
夫と別れました。 165
おなかすいた。 86
お願いします。 113
お願いだから。 112
思い浮かぶ？ 15

か
会議中です。 141
仮定してみよう。 62
角が立つような言い方はやめて。 121
彼女と会うのが楽しみです。 134
彼女とけんかした。 171
彼女はいるの？ 165
彼氏と来てるの。 169
彼らは付き合い始めた。 166
かわいそうに！ 35
関係ないでしょ！ 51

き
頑固だなあ！ 46
感じのいい人だと思う。 161
がんばってね！ 183
記憶が正しければ 68
キスしていい？ 158
気づかないうちに 182
きっと何もかもうまくいくって！ 80
気に入った？ 25
気にしないで。 111, 116
きみがいいならいいけど… 64
きみって天才だなあ。 78
きみに恋してるんだ。 164
きみに夢中！ 164
きみのことばかり考えてる。 173
きみのことを大切に想ってるよ。 160
きみの目はとってもきれいだ。 167
きみはなんてきれいなんだ！ 161
奇妙な話だけど 183
きみらしくない。 71
気持ち悪い！ 44
休憩にしよう。 141
ぎりぎりのタイミングで 176
気をつけて！ 110
気を悪くしないで。 118
金欠です。 181

く
くすぐったいよ。 101
くだらない！ 44
口出ししないで。 186
ぐちゃぐちゃな状態だ。 96
口説かれた。 168
苦労しています。 87

け
経済的観点からすると 152
携帯が圏外だ。 97
携帯代のチャージをしたいのですが。 97
けがしなかった？ 98
結婚しませんか？ 159
元気がないみたいだね。 93

こ
こうして正解だったね。 66

INDEX 195

誤解なきようお願いします。113
ここから入れればいいですか？132
ここで夜を過ごさない？ 168
ここは暖かくていいね。 99
こちらこそ。 24
ご都合に合わせます。 145
言葉がない。 179
このことをぜひとも強調しておきたいと思います。 155
この点について話しましょう。 150
この前だってそうだ。 52
ご両親によろしく。 116
こわがらないで。 119
今週末は何をするの？ 135
こんなところで会うなんて！49
こんな表現を使って悪いんだけど。 181
今夜は遊びに行かないの？ 129

さ
さあ！ 34
さあ着いた。 126
さあできた。 87
さあね。 29
再会できてうれしかったです。 58
最近彼に会ってないなあ。 105
最高です。 50
先走るのはよそう。 115
早速ありがとうございました。 144
さっぱりわからない。 30
寂しくなるなあ。 159
さようなら、よい夕べを！ 21
残念！ 41

し
しかたない。 35, 177
自然な表現ではない。 95
舌先まで出かかってるんだけど。 189
しっかりした 176
実を言うと 75
紹介するよ。 132
少々お待ちください。 140
冗談言ってるの？ 30
冗談じゃない！ 115
冗談だよ。 20
冗談はさておき 179
衝動を抑えられなかったんです。 81
信じられない！ 53

進捗状況はどうですか？ 147
心配しないで。 116

す
図々しい！ 46
好きなようにして。 120
すぐに失礼しなければ。 85
すごくいい感じのパールがあるよ。 135
すごく似合ってる！ 131
過ごしやすい。 131
すっかり遅くなっちゃったね。 91
すっごく好き。 183
素敵なサプライズだね！ 49

せ
セール品だった。 131
世間知らずだね！ 50
ぜひ。 18
全然。 16
全然問題ないよ。 31

そ
そういうことではないんです。 148
そういうこともあるよ。 76
そう言えば… 26
そう思う？ 5
そう思わない？ 17
そうしたくないわけじゃないです。 80
そうするには及びません。 78
そうせずにはいられない。 187
そう、それです。 10
そうだったらいいんだけど。 9
そうだと思います。 26
そうだね。 3, 6
そうだねえ… 27
そうとは限らない。 65
そこまで？ 37
そのあとで 178
そのとおりだね。 13
その場では 179
そのほうが手っ取り早いよ。 70
それだけのことです。 18
それってどういうこと？ 28
それで？ 6
それでは私はこれで。 6
それについては、また話す機会があるでしょう。 150
それにもかかわらず 177
それはお気の毒に。 42

それは驚きだ！ 47
それはもう！ 10
そろそろ帰ろうかな。 104
損するのは彼らのほうだ。 74
そんなー！ 34
そんなことないよ。 8
そんなつもりで言ったのではありません。 149

た
ダイエット中です。 92
退屈だなあ…。 41
たいしたことないでしょ？ 72
たいして 184
だいたいは。 68
大変！ 36
大変よい選択だと思います。154
だから言ったのに。 73
たしか 67, 68
ただいま。 2
たとえば？ 7
楽しみだなあ！ 46
楽しみに待っています。 49
頼みたいことがあるんだけど。 121
頼むよ！ 112
だめって言われた。 102
担当者はどなたですか？ 146

ち
近いうちに電話します。 105
朝食代も含まれていますか？137
ちょっとだけ待って。 117
ちょっと疲れてるんです。 106
ちょっとぶらぶらしてくる。130

つ
ついてなかった。 55
ついでに 184
疲れたー。 86
疲れてるみたいだね。 92
付き合ってどれくらい？ 168
つまりこういうことですか？145
強く印象に残りました。 75

て
テイクアウトですか？ 125
ディスコに行かない？ 138
手遅れだ。 69
出来次第お送りします。 147
できた！ 90
手伝おうか？ 99
手短にお願いします。 151

でもありがとう。	24
天気がよければ	88
電話してくれてもよかったのに。	94
電話をガチャンと切られてしまった。	107
電話をくれたみたいだね。	91

と
と言いますと？	149
トイレにすぐに行きたい。	88
どういうことでしょうか？	143
どういたしまして。	22
どういったことでしょうか？	151
どういったご用件でしょうか？	152
どう思う？	28
どうしたの？	84
どうして？	13
どうしようもない。	80
どうせ無駄だろうね。	71
どうぞお好きなように。	14
どうだろう。	8
どうでもいいよ。	79
どうなっちゃったんだろう？	185
どうも。	2
どうもご親切に！	11
どうやら	69
どこが痛いですか？	99
どこでイタリア語を勉強したの？	102
どころで	14
どちらさまですか？	85
とっさに	179
どのチームを応援してるの？	135
どれどれ。	30
泥棒！	114
とんでもない。	22

な
内緒にしといてね！	180
ないよりはましだ。	185
泣きたい気分だ。	55
何が言いたいの？	29
何か書いてある。	93
何かがうまくいかない。	169
何かな。	4
何様のつもり？！	57
何も気づかない？	102
何をしでかしたの？！	96
何をためらってるの？	63
成り行きを見てみよう。	8
何時だと思ってるの！	104

何だったら	178
何て言うか…	12
なんて偶然！	39
なんでもっと早く言わなかったの？	58
何と言ったらいいのか。	32
何と言っても	176
何とおっしゃいましたか？	7
何とお礼を言ったらいいか。	32
何となく納得できない。	67
何度も催促しました。	150
何の映画をやってるかな？	136

に
妊娠しています。	161

ね
ねえ	4

の
乗せて行ってあげようか？	130
飲みすぎた。	128

は
場合による。	60
ばかにしないで。	122
ばかばかしい！	44
始めていい？	124
恥ずかしいなあ…。	45
発言をどうぞ。	148
話にもならない。	79
話の核心に入りましょう。	143
早起きしました。	101
番号をお間違えです。	141
万事順調。	66

ひ
久しぶり！	23
びっくりした。	54
びっくりしないでね。	118
ひどい。	62
人それぞれです。	188
ひとつ思いつきました。	153
ひとつ聞いていいかな。	117
ひとめぼれした。	170
ひょっとして	177

ふ
フェイスブックやってる？	97
フォークが1本足りません。	132
袋はご入用ですか？	133
不明な点はないですか？	16
プレゼント用に包んでいただけ	

ますか？	137
ふんだりけったりだ。	57

へ
へえ、すごいね。	34
ベストを尽くします。	145
別に。	10
部屋から閉め出されました。	138

ほ
放っておきなさい。	114
ぼーっとしてた。	86
ほかに誰かいるの？	162
ほかの言い方で説明するよ。	81
ぼくの人生で、きみがいることほど素敵なことはないよ。	174
ほこりにアレルギーがあります。	100
ほっとした！	43
ほら	5, 34
ほらね？	15
本気で？	13
本当にいいの？	17
本当にきみが好きだ。	160

ま
まあそうだと思うよ。	27
任せて。	66
まさに。	6
マジで？	37
また。	36
またあとで。	22
待たせてごめん。	138
またそんな冗談言って…。	52
また電話で連絡を取り合いましょう。	144
またね！	20
またの機会に！	21
まだわからないよ。	115
待ち合わせはどうする？	134
まったく！	39
まったくもう！	38
迷うなあ。	98
丸一日かかった。	104

み
みなさんこんにちは。	23
身にしみるありがたさだね。	125

む
迎えに行くよ。	129
無駄だよ。	70
夢中です。	65

INDEX 197

無理にとは言わないよ。　64

め
迷惑かな？　90

も
もううんざり。　45, 56
もう彼には我慢できなかった。　166
もうこれで結構です。　128
もう最悪…。　48
申し訳ありません。　22, 142
もうたくさん。　45
もう疲れてるのなんのって。　107
もう、何と言うか…　40
もう二度と会いたくない！　167
毛布をもう一枚いただけますか？　134
もちろんです！　18
もっといい方法があるよ。　69
最もうまくいった場合　186
もっとゆっくり話していただけますか？　121
もっとよく説明してくれる？　120
モテモテだった。　172
元カノとよりを戻した。　172
文句は言えない。　72

や
約束するよ。　67, 187
やったー！　34
やっとだね！　35
やっと二人きりになれたね。　160
やめなさい！　111

よ
よい旅の続きを。　124
よかった！　38
よかったね。　53
よくもそんなひどいことが言えたもんだ。　174
余談ですが…　180
夜更かししたの？　105
喜んで！　9, 19

ら
ラッキーだね。　43

り
理想の王子様を探しています。　171
理由を説明してください。　122
領収書をいただけますか？　133

れ
連絡ちょうだいね。　114

わ
若く見えるね！　100
わかりましたか？　16
わかるわかる！　31
わざわざいいよ。　117
わざわざすみません！　25
私たちの間には何もない。　170
私たちの関係はもう終わった。　170
私たちは別れました。　162
私と付き合ってくれませんか？　165
私にとって大切なんです。　74
私にもそういうことがあります。　77
私の考えでは　61
私のこと怒ってる？　54
私の知る限りでは　78
私のせいじゃない。　77
私のどういうところが好き？　169
私の理解では…　154
私も。　18, 25
割り勘にしよう。　128

〈著者紹介〉
花本知子（はなもと ともこ）
2006 年、東京外国語大学大学院地域文化研究科博士課程修了。京都外国語大学イタリア語学科准教授。2009 年度、2011 年度、2014 年度 NHK ラジオ「まいにちイタリア語」講師。『和伊中辞典　第 2 版』（小学館）の改訂作業に参加。著書に、『アントニオ・タブッキ　反復の詩学』（春風社）、『留学とホームステイのイタリア語』（白水社）、『だいたいで楽しいイタリア語入門』（三修社）、共訳書に、アントニオ・タブッキ『他人まかせの自伝』（岩波書店）などがある。

気持ちが伝わる！　イタリア語リアルフレーズ BOOK

2015 年 9 月 1 日　初版発行
2024 年 2 月 29 日　3 刷発行

著者
花本知子（はなもと ともこ）
© Hanamoto Tomoko, 2015

KENKYUSHA
〈検印省略〉

発行者
吉田尚志

発行所
株式会社　研究社
〒102-8152　東京都千代田区富士見 2-11-3
電話　営業(03)3288-7777 (代)　編集(03)3288-7711 (代)
振替　00150-9-26710
https://www.kenkyusha.co.jp/

印刷所
図書印刷株式会社

装幀・中扉デザイン
Malpu Design（清水良洋・李生美）

装画・中扉挿画
トヨクラタケル

本文デザイン
株式会社インフォルム

校正
石田聖子

ISBN 978-4-327-39432-5　C0087　　Printed in Japan